Philippe GAZZERA

TROVARE LA PROPRIA LIBERTÀ ARMONICA

(Conoscendo se stessi)

Sommaire

Introduzione

Esplorare la sfera del « *Sé* » richiede un motivo valido, come un'urgenza, il motivo è l'urgenza stessa. L'esistenza umana ci immerge nella vita, siamo questa comunità di esseri che pensano e agiscono. Comprendiamo grazie all'osservazione, mossi dalle passioni, dall'intelligenza creativa e da altre forze. E se queste incredibili unicità e diversità tra ogni essere che siamo, variano in base a determinati criteri, allora abbiamo tutti questa imprescindibilità, ossia quella di proiettarci prima o poi in ciò che rappresenta la società. Affrontare le realtà che ci circondano è una sfida per la mente. Ci stiamo facendo strada con un unico bagaglio: ciò che siamo, accompagnati dalle nostre conoscenze, acquisite e comprese. Ma ogni giorno porta con sé gioie e dolori e così in certi momenti della nostra vita possiamo perdere il sorriso.

In questo libro vorrei condividere alcune osservazioni. Le osservazioni che ho accumulato negli anni, nel mio percorso e nei miei incontri, alla fine hanno dato un senso, una vera e propria immagine al puzzle. È vero, ho esitato a lungo prima di scrivere e ancor di più prima di buttarmi e di pubblicare. Ma questo puzzle vale un sorriso e vorrei condividere quanto il silenzio interiore sia una vera e propria energia. L'energia di una coscienza che tende verso questa libertà armonica.

A quanto mi risulta, non esiste un cerotto o una benda per nascondere determinate realtà, che esse appartengano a noi, a questo mondo o a un altro. Eppure, in questa totalità, che esercita la sua pressione reale, fisica e psichica, c'è ciò che rappresenta la vera realtà, il « *vivo* ». Quindi, ancora una volta, c'è qualcosa che fa appello alla nostra osservazione. Questa osservazione, che deteniamo sin dal nostro primo respiro di vita, è già la nostra chiave e vi propongo di utilizzare la vostra per il vostro viaggio interiore.

Capitolo 1

Spesso sono riuscito a far progredire le idee che mi stanno a cuore. Mi rendo conto che non ci sono riuscito da solo, ma so anche che ho dovuto tracciare, tirare, pestare, spingere, forzare pur di farcela. Naturalmente ho avuto buoni risultati. Tutto ciò è quello che normalmente si ottiene dal lavoro. Tuttavia durante tutti questi anni il mio corpo mi parlava, eppure... non capivo il suo linguaggio. Inoltre sarebbe stato necessario che mi venisse spiegato che un corpo si esprime e che, quando si esprime, il suo messaggio trasmette alcune disarmonie, e che allora nasce quell'urgenza di cercare di capire la nostra natura. Avrei anche dovuto essere aperto ad alcuni insegnamenti di questo tipo. Allora è vero... sarebbe sbagliato dire che non era così, perché con il senno di poi direi più giustamente che non era il mio momento ! Dobbiamo ammettere che la cultura dei miei giovani anni, purtroppo, non era più favorevole a questo tipo di istruzione di quanto non lo sia oggi per molti di noi.

Non posso quindi affermare che le cose siano cambiate molto, almeno viste dall'esterno, poiché l'agitazione umana è più frenetica che mai. Ma è solamente all'interno, dove nessuno vede, che le cose accadono; tuttavia c'è una differenza rispetto alla prima parte della mia vita in cui mi facevo trasportare dalla foga e dalla volontà di rispondere ai miei desideri, questa volta il meccanismo era diverso. La forza delle cose, o le cose forti ! La natura sottile degli eventi, il viaggio, la curiosità e gli incontri mi hanno portato a rivedere i miei concetti, a guardare in modo nuovo il mondo che mi circonda e ciò che mi abita. Ovviamente, questa seconda parte della mia vita deriva della prima ! E per mancanza di istruzione culturale, si può affermare che è davvero stato il tempo a fare la sua parte...

Tuttavia, l'insegnamento, utile e fondamentale per lo sviluppo e l'autonomia di ciascuno di noi, ci insegna ovviamente a padroneggiare svariati argomenti e materie. Per fare un gioco di parole, direi che « *la materia ha i suoi limiti* » e, al di là della materia, nulla viene mai insegnato, nel mondo occidentale, in modo laico. Eppure, molti studi scientifici, e aggiungerei importanti, hanno di che arricchire la nostra conoscenza, ma vengono snobbati o rimandati al dominio esoterico lasciando spazio ad altre strutture. I temi di discussione legati alla coscienza e alla comprensione del Sé non sono affrontati e spesso rimangono un tabù. La materia rappresenta solo una piccola parte dell'universo, mentre il vuoto un immenso[1] , e l'educazione limita il suo insegnamento alle materie scolastiche classiche, molto utili, ma vuote di una realtà fondamentale. Eppure è stata una migliore comprensione di questi ambiti inesplorati che mi ha indicato la via e, spinto dalla curiosità, mi sono ritrovato a percorrere numerosi sentieri di scoperta che meritano assolutamente spazio. Spazio che dovrebbe essere presente sin dalla più giovane età. La scuola e la televisione sarebbero ottimi vettori di questa profonda verità. Tuttavia, per quanto mi riguarda, l'unico modo per raggiungere questo obiettivo è uscire da ciò che la società ci impone. Ho dovuto dissociarmi dall'informazione mediatica, pormi le giuste domande sul concetto di esistenza e capire in modo diverso cosa sia la ragion d'essere. Quindi, sentivo che il mio corpo mi parlava, allora come giovane uomo, e su questo siamo d'accordo ! Ma non fermiamoci davanti a qualche problemuccio, il mio cervello ha continuato per la sua strada. Tuttavia con l'età i problemi fisici sono diventati sempre più pesanti da sopportare e mi sono interrogato su quale fosse la loro origine. D'accordo, un raffreddore o un microbo possono trasmettersi, un eccesso di fatica indebolisce il nostro sistema immunitario e voilà, ecco il naso che cola ! Su questo non c'è dubbio. Ma la domanda è un'altra, che cosa si deve pensare del dolore fisico privo di cause reali ? Voglio dire, quelli in cui la logica non è presente e in cui le spiegazioni mediche non trovano un reale riscontro. Per quanto mi riguarda, un male al collo, un mal di schiena, al ginocchio e altri problemi, come le allergie, che vanno

---

1　*Nassim HARAMEIN*

2

e vengono, come per esempio un'ulcera o altro ancora… Tutto ciò senza alcuna causa apparente... In effetti, la non apparenza di queste banalità cambierà la mia vita e la mia salute.

Eccomi dunque a questo incrocio, un po' da solo, se non da solo ! Non parlo della solitudine senza famiglia o amici, naturalmente, ma solo nel senso che, giustamente, alcune risposte non esistono se le cerchiamo al di fuori del Sé. Le cose non sembrano così semplici e quello che capisco è che, a un certo livello, gli aiuti convenzionali non possono dare una risposta a questo grido, che soffoca nel nostro mondo interiore. Questo grido in noi è una forma di espressione provata sia dal corpo sia dallo stato mentale. È un'energia che, per forza di cose, è stata quasi paralizzata accidentalmente. A questo punto un'energia potente deve intervenire e prendere il sopravvento. Questa energia scaturisce da ciò che possiamo chiamare spazio interiore, silenzio o « *vibrazione* » interiore in sintonia. Trae origine da un qualcosa di cui per il momento non si capisce molto ! Ma dobbiamo tenere in considerazione che deve essere approvata da un'altra parte di noi, non fisica e che soffre. Svilupperemo tutto questo più avanti, ma è importante rendersi conto che la mancanza di comprensione e l'ignoranza possono portarci a una distorsione sempre più complessa. In principio non si tratta di trasformare la nostra « *vibrazione* » in qualcos'altro, senza potersene rendere conto in un determinato momento, a un certo punto della nostra esistenza. Capisco che sia necessario fare affidamento su questo punto di partenza. La « *vibrazione* » interiore non può ingannarci circa la sua posizione, qui dentro di noi, adesso e fuori dal tempo. È già successo in ognuno di noi, è solo che alcuni, come me, non sono stati abbastanza attenti. È passata inosservata, perché non siamo abituati ad ascoltarla. Presenta la duplice particolarità di essere allo stesso tempo uno stato che è stato frainteso e inesplorato e contemporaneamente inesplorabile, se non da Sé stessi. È un regalo meraviglioso, una speranza. Un valore non deformabile dall'esterno e che può seguire il proprio cammino. È una scelta di vita, un percorso di comprensione, di libertà. Ciononostante, molti inquinamenti, molti rumori, alterano la sua melodia, il suo colore, la sua consistenza primaria e il nostro pensiero invasivo è proprio uno di questi fattori, se non il principale, che non fa altro che ostacolarla. Allora impareremo a stare attenti, perché esistono le cosiddette « *briciole di pane* », basta essere in grado di vederle e di seguirle.

Cercare senso.

È al contempo strano e confortante comprendere e sentire che una parte di noi segue, per sopravvivere, un flusso esteriore, il mondo così com'è. Abbiamo scelta ? Ma è anche giusto pensare che un'altra parte di noi debba seguire, per vivere, un flusso interiore. E ora sì che abbiamo una scelta ! Intendo dire che l'esistenza ci porta su un duplice cammino, uno di questi è quello di trovare il proprio posto nella società. Non sempre come si vorrebbe, ma spesso come si può, perché questo aspetto riguarda la sopravvivenza, tanto per citare solo un elemento essenziale. L'altro itinerario, non menzionato nella guida del viaggiatore, porta a imboccare il cammino di un ragionamento che integra il concetto di armonia interiore, questa volta non guidata.

È importante notare che qui si intende « *non guidata* » con una certa sottigliezza : né mediante manipolazione esterna, né mediante manipolazione interiore non cosciente, ma come risposta all'entropia, aprirsi all'idea che qualcosa nel profondo di noi stessi sappia come guidarci. Questo concetto contraddittorio richiede un approfondimento, perché è importante cogliere il messaggio che trasmette e che affronteremo poi nel Capitolo 6. Consapevoli o meno, nel corso della nostra vita abbiamo accumulato forme di resistenza, schemi, convinzioni, gioie, frustrazioni. La lista è lunga e ognuno volendo può completarla, ma il fatto è che il nostro comportamento ne è una conseguenza. A una prima analisi si può osservare, guardando intorno a sé, che la società in cui nasciamo e che quindi ci circonda, ha un effetto determinante sul nostro intelletto. Malgrado tutte le belle cose che ha da offrire, è anche fonte di differenze, ingiustizie, fatalità, gerarchie del potere e del più forte. Impone quindi un valore di successo finanziario, di sopravvivenza, che si prende gioco dell'individuo e che è diventato la norma pensante nella nostra cultura occidentale. Non voglio entrare nel discorso politico, perché significherebbe mettere in contrapposizione gli uni agli altri, e molte cose ci dividono già. Non sarebbe quindi costruttivo formulare una dichiarazione di ciò che si può vedere di giusto o di ingiusto sul nostro pianeta, non è questa poi l'idea. No, l'idea qui è di capire che all'esterno il mondo è quello che è. Come essere umani subiamo, l'informazione ci inonda, ci affoga, ci indigna e ci fa sentire in colpa. Ciò che sentiamo non è una favola. Quindi ci dibattiamo, ognuno a modo suo, per far fronte a questa constatazione, nell'azione o nell'inazione, nella lotta o nella sottomissione e quant'altro. La verità è che non siamo dotati di una bacchetta magica per cambiare il mondo e gli altri con un solo gesto. Tale atto, che equivarrebbe a cambiare gli altri a nostra immagine, o in un'immagine ideale, sarebbe un atto terribile. È contrario a un valore di comprensione intima, a sviluppi personali, senza dimenticare la libertà e il libero arbitrio. Farebbe del detentore della bacchetta un dio vivente, in grado di imporre il suo modo di vedere ! L'idea che una persona o un gruppo di persone possa cambiare il mondo sembra più che mai un concetto presuntuoso e non conforme alle regole dell'universo. Eppure, tutti sentiamo tale urgenza. L'urgenza di una necessità che splende di un colore forte e potente, imperativo. Quindi, pur riconoscendo con discernimento che occorre stabilire qualcosa per saper vivere nella società, una questione fondamentale si inserisce nel profondo della coscienza :

POSSIAMO CAMBIARE NOI STESSI ?

Possiamo intuire la potenza di questo cambio di direzione interiore anche solo per un momento ? Sì, partiamo da questo presupposto. Cosa sarebbe importante ai nostri occhi, affinché ne incarnassimo il valore silenzioso e operativo ? Senza scopo, senza aspettative...

La strada in Sé. Basti pensare a quanto le discussioni che esprimono rabbia, protesta o anche il semplice fatto di brontolare avvelenino un certo livello della nostra coscienza. Sentiamo che bisogna trovare un senso, perché senza il senso non si fa nulla. Dobbiamo vederci chiaro sin dalla nostra interiorità e non essere più intrisi, come un batuffolo di cotone, dal flusso incessante di informazioni che ci sommerge. La chiarezza è sempre necessaria per percorrere un cammino. La strada del Sé.

*In sintesi : la forza delle cose e la natura sottile degli eventi ci prendono per mano, ci portano, ci invitano a riconsiderare le nozioni sull'esistenza e la ragion d'essere. C'è qualcosa che non va, che soffoca dentro di noi e il nostro corpo usa il suo linguaggio per avvertirci. Come se ne sapesse più di noi ! Quindi i dolori, le « **bue** » esprimono quello che la mente non riesce ancora a vedere. Vedere che il mondo è quello che è e che queste sono le nostre fondamenta. Vedere che viene a porsi una questione centrale : possiamo cambiare noi stessi ? È cruciale !*

Capitolo 2

Prima di approfondire troppo la domanda precedente, ossia « *possiamo cambiare noi stessi ?* » Occorre, come già detto, guardare con chiarezza e comprendere che sono le piccole informazioni e trasformazioni a fare le grandi cose.

Vi propongo di partire dalla nostra più giovane età, visualizzare e guardare con gli occhi di un bambino il nostro arrivo in questo mondo. Osservare le basi che ci hanno fatto entrare nell'avventura della vita. Da bambini siamo tutti, senza eccezione, dotati di una particolare volontà di esplorare e di imparare, che provoca l'ammirazione dei nostri genitori. Pur avendo un capitale genetico trasmesso, abbiamo anche alcune caratteristiche intrinseche al nostro essere. Questa è la nostra personalità, una firma unica, che la magia della vita infonde nell'anima delle creature viventi. La vita ci permette di percepire la realtà che ci circonda e che ci si avvicina. Siamo in ascolto, alla scoperta dei sensi e del mondo. Mi piace pensare che è questa parte innata di noi, presente fin dall'inizio e che ci appartiene, a realizzarsi attraverso un'attrezzatura « *in dotazione* ».

Tale attrezzatura è composta :

« *Dalla genetica, ossia l'eredità legata alla nostra biologia mentale e fisica.*

« *Da un luogo, un paese, una città... ossia l'eredità ambientale.*

« *Da un punto fissato nello spazio. L'eredità cosmica e temporale.*

Al posto delle antenne abbiamo i nostri sensi e stando al dizionario sono cinque : la vista, l'olfatto, il gusto, il tatto e l'udito. Sono l'interfaccia delle nostre emozioni, che peraltro ci invadono di sensazioni che talvolta fatichiamo a governare (cfr. Capitolo 3). Gli effetti che provocano in noi possono essere positivi come negativi. Mentre il bambino sperimenta i suoi sensi, le sue emozioni, la sua personalità, che subisca l'influenza della sua o delle sue figure di attaccamento, integra progressivamente e passo dopo passo la programmazione educativa e culturale INEVITABILE. Che sia buona o cattiva, giusta o ingiusta, adattata o meno, la riceviamo tutti.

Comprensione della programmazione inevitabile.

È importante notare che questa serie di sfide complesse e di interazioni comincia mano a mano a prendere delle forme interiori. Una rete inizia a concretizzarsi nel nostro cervello. L'osservazione pragmatica, che non tiene conto del destino o della fortuna, se ci crediamo, ci permette di vedere e di concordare con chiarezza che siamo un assemblaggio predefinito.

« *Che ci sviluppiamo in seguito al numero di esperienze.*

« *Che le strade sono molto diverse per ognuno di noi e che ciò che vivremo è dunque unico.*

« *Che questo insieme dà vita a una globalità presente nella nostra memoria.*

Un bambino nato in un paese in guerra non seguirà le stesse programmazioni di quello nato in una delle classi sociali di un paese stabile. Questo triste ed estremo esempio ci mostra senza via d'uscita che viviamo tutti, in questo senso, un'esperienza unica, che definiremo piacevole o sgradevole, giusta o ingiusta, allegra o triste e così via. A seconda delle nostre caratteristiche di partenza e a seconda delle incognite del nostro percorso, l'esperienza cambia. In questo momento, la nostra è ciò che ne pensiamo o meglio come il nostro pensiero ce la fa percepire. Così attraverseremo le diverse fasi della nostra evoluzione, plasmati, modellati, con i nostri successi e i nostri fallimenti, i nostri pro e i nostri contro, l'adolescenza spesso tumultuosa, poi l'incontro con l'amore e così via. Tutto questo lo sappiamo già, ma era il caso di dirlo. È passato molto tempo dall'inizio. Possiamo constatare di avere compiuto un bel percorso o meno, di essere dei buoni genitori o no e di esserci forgiati o meno con una forte personalità. Allora vedete, possiamo collegare queste riflessioni alla nozione del cambio di direzione già menzionato prima sulla questione del cambiamento personale. Perché se ci pensiamo bene... ed è importante... tutto questo sembra un modo per introdurre il nostro tema centrale. Non si tratta di una finalità. Questa narrazione ritrae il nostro punto di arrivo nel tempo, nel cosmo, nella parte INEVITABILE dell'integrazione nella società.

> *« Come se fossimo un visitatore che si adegua,*
> *volente o nolente, e che sposa, al punto di farli propri,*
> *i contorni del suo ambiente ».*

Il « non Sé cosciente ».

Ciò appare molto simile all'epigenetica che affronteremo più tardi nel Capitolo 4. Ma tutto questo è frutto del caso, della fatalità ? Una perfezione dell'universo ? Dobbiamo capire qualcosa dentro di noi ? Andiamo ancora un po' avanti sulla questione « *possiamo cambiare noi stessi ? »*. Per continuare, vi propongo di prendere in considerazione che esiste un « *non Sé cosciente* ». Vorrei usare questo termine ambiguo piuttosto di « *Sé incosciente* ». Ciò mi permette di esprimere numerose idee, la prima delle quali è che viviamo un'esperienza multidimensionale, non chiusa in un concetto immutabile, ma aperta alla trasformazione. L'inconscio da solo, personalmente mi fa pensare troppo a uno spazio intoccabile, irraggiungibile e che quindi non può essere trasformato di fatto da una natura che sottende l'idea di essere invisibile. Per evitare interpretazioni errate del significato che intendo trasmettere, fornirò qui di seguito le mie personali definizioni di alcuni termini che potrete trovare nel corso della lettura del libro.

Descrizione dei termini specifici nel libro.

> *« Con « non Sé cosciente » intendo qualcosa dentro di*
> *noi, che crede di essere noi. Aggiungo inoltre che tende a*
> *occupare molti spazi. Si tratta della memoria.*

« *Con « Sé latente » intendo la « vibrazione » che è in noi. Per non rimanere nell'astratto, direi che lo si può sentire quando il presente è vissuto in piena coscienza. Lo si può percepire per esempio camminando, andando a pesca o davanti a un tramonto. Questa situazione può anche verificarsi quotidianamente.*

« *Per « **risonanza del Sé incarnato** » intendo l'unione non dualistica, un giusto equilibrio del « **Sé latente** » e del « **non Sé cosciente** ».*

« *Per « **servitore** » intendo il software che lavora al servizio del « **non Sé cosciente** ».*

« *« **Ciò che è** » è un'espressione usata dal saggio indiano Jiddu Krishnamurti. A parer mio, essa caratterizza l'insieme totale e completo del presente, di ciò che siamo realmente e di ciò che abbiamo ancora difficoltà a percepire, ma che tuttavia fa parte della realtà che ci tocca direttamente.*

« *« **La libertà armonica** » definisce lo stato d'essere che implica sia la comprensione sia il rifiuto intimo del condizionamento nella sua totalità, nonché il movimento dell'intelligenza responsabile di fronte agli eventi « vivi ».*

« *« **Il condizionamento** » è tutto ciò che il pensiero prende come acquisito nel racchiudere conoscenze, culture, credenze, tradizioni e analisi non « vive ».*

« *« **L'intelligenza** » è l'azione che nasce dall'osservazione non condizionata e quindi non distorta dall'analisi del pensiero condizionato.*

« *Il « vivo » non è il pensiero che analizza quando è influenzato dal passato o dal futuro, bensì è l'insieme dei fenomeni che si verificano adesso al nostro interno e al nostro esterno.*

« *« **L'osservazione** » è uno stato che coinvolge tutti i nostri sensi di percezione per posare uno sguardo sul « vivo ».*

Prima di sviluppare una qualsiasi espressione, diciamo per ora che è attraverso la nostra mente e il suo percorso, attraverso un lavoro di educazione, addizione, comparazione, giudizio, esperienze vissute e così via, che un processo meccanico di costruzione, mattone dopo mattone, ha strutturato una parte, e sottolineo una parte, del nostro essere. Questo processo di integrazione delle informazioni è entrato in noi in quanto valore reale, se non assoluto. Si è impresso a diverse profondità, a seconda della ripetizione o della violenza delle esperienze. Una volta radicato, diventa uno schema di riflesso automatico. Questo principio si basa sulla stessa analogia dell'apprendimento della guida. Prima bisogna imparare a cambiare le marce, a premere la frizione, a guardare lo specchietto retrovisore, ma dopo un po' possiamo concentrarci su altre cose. I gesti diventano degli automatismi che non richiedono più alcuna concentrazione. Quindi abbiamo un cervello diviso[1] ! Una parte è meccanica e funge da « *servitore* ». Tale « *servitore* » l'abbiamo programmato. È dentro di noi, con il suo bagaglio di educazione e di sapere, con i suoi contorni definiti dall'ambiente. Il suo ruolo è di servirci l'automatismo, quello che secondo lui corrisponde al meglio alla situazione attuale. Una forma di auto-risposta o di auto-reazione, parzialmente o totalmente, non cosciente. Si tratta di uno strumento potente ed estremamente efficace. Ma attenzione ! Si rivelerà però molto presto inquietante, se non monitoriamo, attraverso una coscienza attiva, il meccanismo che lo fa funzionare e le informazioni che conserva per noi. È facile dedurre che il bambino di una certa età presente in noi non sia in grado di fare questa diagnosi, solo l'adulto che c'è in noi, facendo un passo indietro grazie alla sua volontà cosciente, può riuscirci. Una nuova visione si apre davanti ai nostri occhi, poiché l'inevitabile programmazione può essere considerata come un punto di partenza, una base di lavoro personale e intima. Molti dei nostri comportamenti sono lo specchio del nostro « *servitore* ». Ne abbiamo programmato consapevolmente o inconsciamente tutto il contenuto e vedremo che questa realtà può raggiungere proporzioni enormi. Vi propongo di riassumere la situazione secondo la metafora seguente : nei piatti preparati non sempre sappiamo cosa

---

1   *Iain McGilchrist*

c'è dentro ! In quanto adulto, controllare l'elenco degli ingredienti è un buon esercizio per la salute ! Brontolare o cercare qualcuno su cui scaricare la colpa non è la soluzione giusta, perché questa è proprio l'abitudine del « *non Sé cosciente* » e sotto questa luce capiamo perfettamente quanto sia facile smascherarlo.

> *« Reagire è una sensibilità a ciò che vediamo,*
> *sentiamo o percepiamo.*
> *Agire con il « non Sé cosciente »*
> *è un meccanismo ».*

Quindi lo ripeto, guardare al di fuori per vedere se si tratta di un qualcosa di reale, non ci porterà da nessuna parte. È tuttavia importante notare che abbiamo bisogno di molta energia, perché vedere, capire e accettare non è facile per nessuno, soprattutto quando si tratta di Sé. Per essere obiettivi e rilassati dobbiamo aver coscienza che nessuno all'esterno vedrà quello che il Sé sta studiando per la sua stessa evoluzione. Allora andiamo avanti per la nostra strada, perché dobbiamo avere un'idea chiara di cosa siamo realmente. Non censuriamo l'osservazione dei fenomeni psichici interiori. Bisogna osservare i loro effetti, ma soprattutto le loro radici. Certo, e questo vuole essere rassicurante ! Tutti abbiamo i nostri problemi, non c'è nulla di grave, bisogna solo capire che prendere in mano le redini del proprio essere a questo livello, senza contare poi la presa di coscienza, implica tanta indulgenza quanto rimessa in discussione per coloro i quali desiderano fare questo lavoro. Mi permetto di dire che la società di consumo in cui viviamo - intendo consumatrice di informazioni, di beni, di piaceri e così via - ci agevola e ci danneggia allo stesso tempo. La società agisce, plasma il « *non Sé cosciente* », induce il cervello in una determinata direzione, non perché lei sia colpevole, ma semplicemente perché promuove in lui ciò che essa stessa rappresenta, ciò che l'Uomo fa, acquista e utilizza. Gioca con i nostri sensi, ci porta a essere consumatori sotto ipnosi e a comportarci in modo strano sia con noi stessi sia con i nostri simili. Torniamo all'osservazione. Andando un po' più in profondità, andiamo a scoprire questa tendenza naturale a rientrare in uno schema che opera in isolamento, lontano dalla parte viva, giusta, analitica e creatrice del nostro intelletto. La nostra « *vibrazione* » si paralizza

attraverso un processo di presa di potere da parte del nostro « *servitore* » e dei nostri sensi. Viviamo secondo la nostra memoria. Ci
sono tante memorie diverse quanti esseri viventi sul pianeta. Non
dobbiamo quindi identificarci né nello stampo (l'insieme degli elementi che ci ha costituito), né nella memoria, in modo da evolvere,
perché sono solo fondamenta, un modello prefabbricato. La realtà
non è questa, si tratta di uno spazio che ci sfuggirà, se lo guardiamo con i paraocchi. Quindi bisogna capire cosa siano il « *non Sé
cosciente* », « *il servitore* » e la parte di noi che deve seguire un
percorso interiore per vivere.

*In sintesi : la scoperta del Sé è un viaggio e comincia con l'atto di
scoprire i veli di quello che possiamo definire un condizionamento
inevitabile. Questi veli sono una memoria e strutturano un « **non Sé
cosciente** », ossia un qualcosa in noi che crede di essere noi. L'osservazione del Sé evidenzia che abbiamo anche una tendenza naturale
a rientrare in uno schema che opera in isolamento. Abbiamo molti
automatismi che si basano solo su questa memoria, che pensiamo
erroneamente essere noi. Allora, chi siamo ? Una memoria, una coscienza, o entrambe ? O altro ancora ?*

Capitolo 3

I cinque sensi e il loro processo.

Le emozioni sono determinanti nei comportamenti che ci abitano. Tutti noi abbiamo una definizione propria di ciò che rappresentano le emozioni, quindi alcuni le nascondono, altri le esprimono e possiamo anche giudicarci in rapporto a esse. Penseremo che ne dobbiamo provare o meno, in una determinata situazione e così via. Senza alcun approfondimento personale in materia, non facciamo altro che creare pregiudizi, credenze infondate sul nostro stato d'essere. Non è forse importante stabilire in noi queste fondamenta ? Dopotutto si tratta di noi ! Basta concederci questo tempo e andare al di là di una semplice lettura. Riuscire a comprendere il vero senso dell'emozione è come avere una bussola. Cominciamo insieme e guardiamo da vicino ciò che i sensi rappresentano, affinché si possano stabilire alcuni legami di comprensione e le cose diventino chiare, senza supporre questo o quello. I cinque sensi di cui la natura ci ha dotati rappresentano sia una scoperta permanente durante il corso della nostra vita sia una sfida, per i piccoli come per i grandi. Sono la causa scatenante prima delle nostre emozioni e poi dei diversi comportamenti, vissuti come positivi o negativi, di desiderio, frustrazione, rabbia, affetto, tenerezza e quant'altro... Consideriamo che il pensiero legato alle convinzioni e alle abitudini è anche un fattore che stimola emozioni complesse.

« *Il vento invernale che sfiora la pelle lo percepiamo con il tatto. Tale contatto esterno induce il brivido senza che il pensiero intervenga. Dopodiché il pensiero provoca l'azione di mettersi una giacca.*

Nota : In questo caso il pensiero viene utilizzato in modo corretto in un atto di buon senso e di protezione.

« *La vista di una persona che lascia cadere e rompe un oggetto innesca in noi un contatto, una reazione, che è in questo caso un « **prendersi un colpo** », o per lo meno* *un'espressione di sorpresa. Quando questo oggetto ci è prezioso, il pensiero fa poi intervenire il nostro senso di attaccamento. Si tratta di una biblioteca personale. L'attaccamento induce il senso di perdita. Questo sentimento sarà trasformato dal pensiero in emozione di tristezza e/o rabbia.*

Nota : Il primo contatto è sano, perché si tratta di una reazione di risveglio, di riflesso. Il pensiero che vive di passato e di futuro ha creato l'attaccamento e questo provoca un'emozione di tristezza o di ribellione. Il pensiero non sembra essere stato quindi oggettivo quando ha creato una distorsione come l'attaccamento.

    « *Mentre ascoltiamo la radio apprendiamo che domani pioverà. In questo caso l'udito è il contatto. Ma siccome avevamo organizzato un picnic, il pensiero invita la nostra completa attenzione ad ascoltare accuratamente. Il pensiero coinvolge poi il nostro senso di delusione, di frustrazione e così via.*

Nota : Il primo contatto è sano, perché la parola udita (pioggia) innesca automaticamente un riflesso di risveglio. Il pensiero interviene per posizionare la parola pioggia in un contesto utile che ci mette in guardia sull'impossibilità di uscire e le conferisce dunque il suo pieno significato. Ma il pensiero aveva già creato un'aspettativa, il picnic, e vedendosi rifiutare tale piacere, crea frustrazione e disprezzo nei confronti del tempo, rovinandoci la giornata di oggi e perché no anche quella di domani ! Sembra dunque che il pensiero svolga due ruoli, quello di avvertirci di una cosa da non fare, ossia di fare un picnic sotto la pioggia, e quello di farci provare un senso di frustrazione, quando era stato proprio il pensiero stesso a creare l'attesa e poi a gioirne. Come se la gioia fosse stata programmata.

    « *Non avevamo intenzione di fare acquisti, ma durante una passeggiata abbiamo visto un bellissimo abito... Il contatto si stabilisce tramite la vista e ne percepiamo la bellezza, questo primo contatto è puro, non distorto, perché viene percepita solo la bellezza. In seguito un'immagine furtiva viene proposta dal servitore e vediamo*

> *quanto bene starebbe questo abito con le nostre scarpe grigie... Nasce quindi una sensazione di invidia, cresce in noi un desiderio di possesso, concretizzato dal pensiero che troverà dunque una ragione... Lo vogliamo per la nostra uscita in occasione di... Lo vogliamo perché abbiamo bisogno di essere felici e così via.*

Nota : C'è sempre questo legame molto stretto tra i sensi, l'emozione, il sentimento o la sensazione e il comportamento che il pensiero ci fa vivere. Il nostro comportamento deriva da ciò che il pensiero ha da tempo creato in noi, i pro, i contro, le perdite, gli attaccamenti, i desideri, i bisogni di conforto, la paura, la morte, il voler essere o diventare, che a loro volta si tramutano in malessere psichico e poi di conseguenza fisico. È indiscutibile che il pensiero sia uno strumento utile e indispensabile, ma è del tutto lecito diffidare del ruolo e del potere di cui esso stesso si autorizza attraverso il meccanismo.

Relazione tra servitore, emozioni e pensieri.

La percezione tramite i sensi è sempre pura o reazione in risveglio. Il senso della vista è uno dei più utilizzati, a meno che non ci sia una cecità. L'occhio che percepisce la bellezza può vederla ovunque essa si trovi, ma il pensiero provoca inevitabilmente un effetto secondario e di potere basato sulle sue abitudini, cosa che ha imparato o crede di aver imparato, andando dal semplice fatto alla distorsione, induce le credenze, i legami, gli scopi e gli obiettivi, l'avventura, il desiderio o l'invidia, il confronto. Le nostre frustrazioni, i nostri appetiti e tutto il resto sono in relazione a questo, che riguardino l'abbigliamento, la ricerca di potere, il bisogno di un quadro virtuoso come la religione, la ricerca d'amore, di sicurezza o di forza, aderire alle forze armate per il loro rigore e i loro valori, un bisogno di ricchezza, sessuale e via dicendo... Vorrei precisare che non siamo obbligati a continuare l'esperienza verso il desiderio, possiamo fare altro senza però sentirci frustrati o punirci. Tuttavia dobbiamo capire la vera fonte del desiderio e le sue conseguenze. In termini di desiderio, desiderare qualcosa o qualcuno ci impone di imboccare un cammino per arrivare alla meta, ma su questo cammino sono presenti anche delle trappole, dobbiamo esserne consapevoli e affrontarle. Ma poi se non ci vediamo niente di male, allora va bene così. Tuttavia, l'esplorazione del Sé richiede di capire cos'è vero e cos'è falso, di cercare il falso nel presunto vero e il vero nel presunto falso. Nel nostro posto sicuro si nascondono verità sempre più profonde. Molte ragioni possono celarsi dietro al semplice esempio del vestito. Se ne può sempre immaginare un altro che vada meglio se l'armadio contiene pochi vestiti. Tuttavia non posso essere più chiaro, perché questo è un esempio futile e noi siamo tutt'altro, ma le esigenze permanenti dell'uomo nella nostra società sono un tema molto importante, che deve essere compreso. Soffriamo tutti a causa di così tante cose, vogliamo essere felici, soddisfatti, ricompensati, compresi, ma non ci conosciamo. Capiamoci, le radici di tali sofferenze, che diventeranno poi le nostre azioni, sono spesso molto più profonde di quanto sembrino ed è per questo che dobbiamo trovarle prima che i nostri rami si paralizzino.

« Vedere e lavorare su questo, è un po' come mandare luce nella propria vita. ».

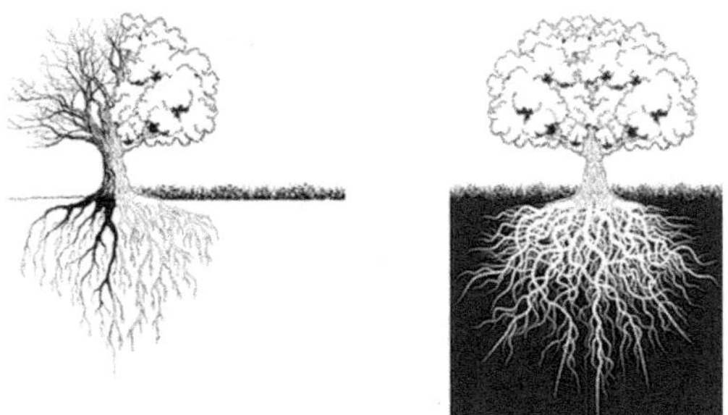

Adattiamo ora il nostro modello a un esempio che induce direttamente la paura. Due persone sono in macchina : il conducente e il passeggero. A un certo punto c'è una rotatoria, le automobili si intersecano rapidamente e alla luce di ciò che sta accadendo (il conducente che si fa strada tra due automobili), il passeggero vede, entra in contatto visivo, insorge una paura riflessa, cerca di frenare con il piede senza però avere i comandi, grida, è un riflesso automatico per proteggersi. Ma non c'è stato alcun incidente, perché la manovra era possibile. Eppure il passeggero continua a percepire questa sensazione di paura e il pensiero la trasforma ora in ribellione e in sfuriata. La verità è che il passeggero non controlla la situazione, non ha fiducia, quindi l'emozione lo pervade e lo fa reagire. Ma se per la stessa scena cambiamo passeggero, potremo assistere a un comportamento diverso da parte di quest'ultimo, che non avrà paura e non reagirà allo stesso modo. Il contatto visivo però è lo stesso. Allora, cos'è successo ? Forse il passeggero numero due è pazzo come il conducente ! ! Ma non è questo il caso. Se il passeggero che percepisce la paura osserva e cerca le radici di questa paura, capirà ovviamente che lui al volante non avrebbe fatto quella manovra per passare. Potrà chiedersi « *di chi non mi fido, di questo autista o di me stesso ?* ». È quindi necessario un po' di discernimento per un simile esempio, perché la follia di una persona in grado di fare qualsiasi cosa non è migliore delle urla di qualcuno che non si fida di lei. Questi sono esempi destinati a rivelare i nostri comportamenti in situazioni diverse e non vogliono in nessun caso porre obiezioni positive o negative che cerchino di determinare una debolezza o una colpevolezza.

Adattiamo ora il nostro modello al pensiero. Vorrei comprare un nuovo coltello da cucina molto tagliente. Non so perché, ma il mio pensiero mi pone in una determinata situazione e mi vedo toccare la lama per verificarne l'efficacia (immaginazione). Immagino di ferirmi gravemente. Mi vengono in mente dei flash in cui il coltello mi taglia il dito (immagini già viste o vissute). Mi viene nausea all'idea di questa scena (protezione). Mi vengono i brividi (sensazione). Il pensiero sembra avere un potere sulle mie sensazioni quando, racchiuse nella sua memoria, ci sono delle esperienze. Il pensiero vuole ricreare il « *vivo* » dal morto, in ogni caso si tratta della memoria. Lo chiamiamo buon senso, sì, forse è vero, ma è anche una specie di auto-avvelenamento. Si tratta di buon senso se si parla di mettere la mano nel fuoco, ma non mi passa nemmeno per la testa di farlo. Ma del coltello ne abbiamo bisogno, tutta questa immaginazione è l'atto di rimuginare. Come lo è il pensiero, è indiscutibile che anche l'esperienza sia un'intelligenza utile e indispensabile, ma ancora una volta è del tutto lecito diffidare del ruolo che essa stessa si attribuisce attraverso meccanismi e immaginazione.

D'altro canto, questa intelligenza, che deriva dall'osservazione, ci mostra chiaramente che, se mal utilizzati, esperienza e pensiero possono essere un veleno per il corpo e le relazioni umane. Torniamoci su ancora una volta. Il contatto avviene attraverso i sensi, poi arriva l'emozione pura o il riflesso, in seguito il pensiero creato insieme all'analisi, al suo vissuto o alle sue aspettative, comporta una reazione e un comportamento, infine quando l'immaginazione prende il sopravvento, comincia a inventare le sue storie ipotetiche o di delirio immaginativo o di frustrazione, collera, disprezzo... Da qui nasce una nuova forma di sentimento o di ossessione. Le angosce, le credenze, le paure, i desideri e così via sono alimentati al tal punto da farci ammalare o da renderci sgradevoli e a volte violenti. L'alcol ha lo stesso effetto, ci fa stare bene e proviamo una certa

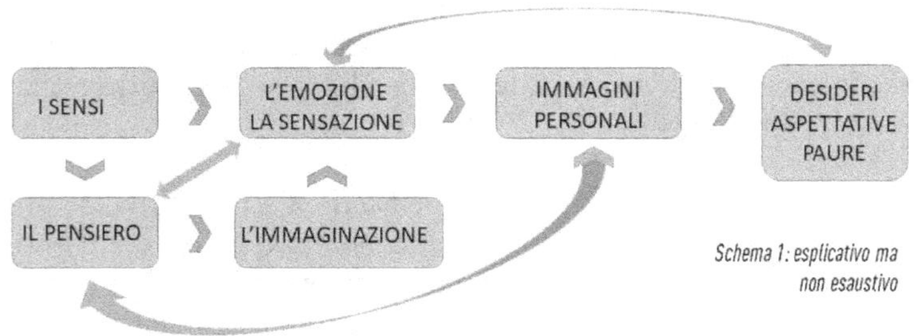

Schema 1: esplicativo ma non esaustivo

euforia all'inizio, ma poi una volta ubriachi perdiamo il controllo e infine arrivano gli effetti collaterali. Dopo però diciamo che non berremo mai più così tanto, ma la « *dipendenza* » e le relazioni ci portano a ricominciare. Tranne, ovviamente, per quelli che sanno controllarsi o che cambiano.

Nello schema 1 osserviamo il concetto sotto forma visiva. Sono state proposte due diverse fonti : sensi o pensiero. Per quanto riguarda lo svolgimento, comprendiamo anche che le diverse situazioni possono essere più complesse. Per esempio, l'immagine può cambiare posto a seconda dello schema. Alcune forme di emozioni possono evolversi in base a desideri, aspettative, paure e altro ancora. Le doppie frecce indicano che possono esistere interazioni tra i diversi circuiti. Quindi questo schema non è da considerarsi completo o definitivo, ma piuttosto può essere visto come un aiuto per farsi un'idea visiva delle interazioni. Ora possiamo rispondere alla domanda : chi ci ha messo l'immagine in testa ? Come si è scolpita ? So che sappiamo già a grandi linee come e perché, ma dobbiamo anche ammettere che la risposta non è così semplice e non può essere riassunta in poche parole. Sono molte le implicazioni da tenere in considerazione, perché sin da bambini ci confrontiamo con questo famoso percorso complesso. Siamo anche carichi emotivamente e inconsciamente di molte energie invisibili. Il Capitolo 14 sui legami ci permetterà di esplorare in parte queste energie invisibili. In ogni caso, una cosa è certa : esiste una correlazione, un rapporto di causa-effetto tra « *servitore* » (il software che lavora al servizio del nostro « ***non Sé cosciente*** »), emozioni, pensieri, convinzioni e comportamenti. Funzioniamo in modo naturale tramite meccanismi. Tali meccanismi sono azionati dal « *servitore* ». I nostri sensi percepiscono il mondo e ci trasmettono sensazioni pure. Vorrei sottolineare che con il termine « *puro* » non si intende bello o brutto, bene o male, ma piuttosto si vuole trasmettere il senso di « *neutro* », non distorto da esperienza, conoscenza o pensiero. Queste sensazioni pure sono collegate al nostro serbatoio di immagini e di vissuto, che il « *servitore* » usa attraverso il pensiero anchilosato dal « ***non Sé cosciente*** » e dà consistenza alle nostre emozioni. Il nostro comportamento deriva da tutto ciò, ma ora vediamo chiaramente che le sensazioni pure varieranno a seconda di chi siamo dal nostro primo momento di vita. Comprendiamo anche il condizionamento che è avvenuto e che ha impregnato parte del nostro essere. Quindi capiamoci, il « ***non Sé cosciente*** » non cercherà mai e poi mai le radici profonde dei nostri sentimenti. Possiamo dunque capire che se nessuna analisi e nessuno sguardo dovessero ostacolare tale processo automatico di auto-reazione, il « *servitore* » sarebbe in grado di svolgere il suo lavoro da solo. Continuerebbe come sa fare soltanto lui, facendo affidamento sulle sue conoscenze acquisite : un'immagine, o una serie di immagini, la nostra storia o un pensiero, l'invisibile, uno scopo, un obiettivo, un desiderio o una paura. Tutto questo è frutto dello stesso processo, come un ciclo. Possiamo anche capire che, trovandoci noi in uno schema detto di « ***auto-reazione*** », alcune cose continueranno ad avvenire, senza averne veramente coscienza o una chiara percezione. In tal modo può prendere il sopravvento, a seconda dei casi, il desiderio compulsivo, la rabbia, la paura a diversi livelli, il pensiero positivo, quello negativo e così via...

È possibile che la nostra mente sia in grado di vedere e scoprire tutto questo ? In ogni caso, possiamo esplorare le cose, ma c'è sempre bisogno di una dose di energia. Abbiamo abbastanza energia per osservare ciò che ci è intrinseco, ciò che siamo, la nostra struttura mentale acquisita e tutto il resto ? L'energia esiste in molte forme, quella della giovinezza, quella che viene consumata facendo sport, lavorando sodo, quella che scoppia in singhiozzi o in rabbia, quella che produce elettricità e altro ancora. Ma tutte queste forme di energia hanno un punto in comune : devono sprigionarsi, sembrano non poter essere contenute, come se non avessero abbastanza spazio, quindi escono e si trasformano in movimento. Affinché l'energia possa essere utilizzata per l'osservazione del Sé, dobbiamo concedere dello spazio interiore. Abbiamo bisogno di spazio per garantire una circolazione fluida. Osserviamo il nostro spazio, è possibile crearlo ? Anzi, più precisamente, è possibile accedervi ? Oppure lasciamo che un flusso incessante si riversi in noi senza discernimento e senza regole ? Un flusso di occupazioni, uscite, lavoro, scopi, desideri, discussioni futili, informazioni, telefono, immaginazione, pensieri di ieri e di domani e così via. In altre parole, significherebbe chiudere la porta d'accesso a questo spazio.

Possiamo partire da questo presupposto, che consiste nell'aprire uno spazio in noi, nell'autorizzarci a osservare ciò che accade quando regoliamo questo flusso incessante che copre il « *vivo* ». È chiaro che tutto ciò può sconvolgerci un po', poiché bisogna trovare il giusto ritmo. Permettere ed estendere tutto questo alla nostra vita quotidiana ci farebbe capire cosa sta avvenendo nel nostro presente. Cominciamo a essere osservatori di noi stessi. Affinché possa emergere uno sguardo nuovo, è necessario verificare l'insieme di tutti questi flussi interni ed esterni rispetto al Sé. Un'evoluzione personale si colloca dunque in un'altra dimensione del nostro essere rispetto alla parte meccanica, invadente e invasiva. La dimensione del nostro essere è molto più del « *non Sé cosciente* ».

Uno degli aspetti della parola « *vita* » può essere interpretato prendendo l'esempio lampante di una foto, perché una foto è memoria, è la rappresentazione inerte, morta di ciò che mostra. Ciò che mostra non contiene né il presente, né la cosa, né la persona, ma solamente l'immagine, la memoria, la rappresentazione. Ciò che diventa presente può dunque essere il piacere, la sofferenza, la nostalgia o il senso di attaccamento che questa provoca. Ma la realtà sconvolgente è che si tratta di emozioni legate a un ricordo, a una memoria, e questo non è altro che il pensiero. Si può quindi riflettere su questo strano piacere di voler rivivere alcuni istanti e sul perché abbiamo questo tipo di relazione con noi stessi, di immersione emozionale. Sentiamo una mancanza ? Ma una mancanza di cosa ? Abbiamo paura di dimenticare ? Ma di dimenticare cosa esattamente ? Non guardare una foto significa dimenticare ? Dimenticare è tutt'altra cosa e non si tratta di dimenticare, disprezzare o escludere ciò che ha costituito la nostra esistenza. Ma vivere nel passato non significa forse dimenticare il presente ? Il cielo con gli uccelli che passano, il loro canto, l'odore che ci circonda, la brezza che fa muovere le foglie, la persona qui accanto a noi nel momento del bisogno, tutto questo fa parte del « *vivo* », della vita presente che fa il suo corso, di « *ciò che è* », adesso, intorno a noi. Guardiamo e realizziamo che è vero, sentiamo l'effetto che fa. Ora guardiamo la foto e notiamo la differenza. Non è che per questo butteremo le nostre foto, né smetteremo di guardarle, ma dobbiamo comunque essere consapevoli di questa dimensione, tra « *vivo* » e « *morto* », morto nel senso di passato. L'esistenza fuori dal tempo, al di fuori del flusso, non è autentica. Come spiega l'esempio della foto, spesso veniamo trasportati dai nostri pensieri e quindi viviamo nel passato, nel futuro o nell'immaginario. E sappiamo che ci vuole una buona dose di energia per tornare costantemente alla realtà. Questa osservazione ci insegna un po' di più su di noi ed è importante, come determinare ciò che per noi ha senso ed è utile, contro ciò che è nocivo e pesante. Comprendere noi stessi e la vita che ci circonda. Siamo tutti sulla stessa barca e dobbiamo impegnarci a essere il più costruttivi possibile in quest'ottica di vedere e di pensare. Dobbiamo trovare il giusto equilibrio, il nostro.

Viviamo in un perenne dualismo, a partire da noi stessi, perché fondamentalmente siamo proprio noi a creare le nostre contraddizioni, il che è dovuto alla distorsione del tempo, del pensiero e delle convinzioni. Non capiamo tutti i nostri conflitti interiori. A volte non siamo neppure a conoscenza della loro esistenza. E visto che la cosa vale per tutti, il fenomeno diventa sempre più complesso. Questo lavoro di lucidità interiore può scuoterci, può provocare reazioni diverse, ma affinché avvenga un cambiamento non dobbiamo mai giudicare negativamente ciò che ci ha creati. Se proviamo sconvolgimento o destabilizzazione è un buon segno ! Con il tempo finiamo per riconoscere il valore di tutto ciò, perché vedere significa anche apprezzare tutta la bellezza nascosta. Vedere in quanto osservatore di sé e del presente che ci circonda, ci permette di compiere un atto cosciente, per poi lasciar scivolare qualcosa, come una nuvola che scorre nel cielo. È favorito chi possiede un'intelligenza intuitiva e con questo termine non ci si riferisce alla categoria dei più o meno bravi, perché questa intelligenza non ha nulla a che vedere con quella relativa ai voti scolastici che abbiamo preso in classe o a quelli che ci daremmo in confronto agli altri. No, è la nostra intelligenza intuitiva che fa capolino per essere e agire, ma non si fissa nella memoria, fa il suo lavoro, niente di più e niente di meno. Quando non abbiamo abbastanza spazio, questa intelligenza non può affiorare.

*In sintesi : l'osservazione dei nostri cinque sensi e del loro funzionamento ci fa capire i comportamenti meccanici di auto-reazione, i pensieri, i desideri, le paure e la loro origine. Questo esercizio ci insegna a conoscerci meglio e ci rendiamo conto che molto spesso la paura, la rabbia, le frustrazioni, gli scopi e gli obiettivi sono legati ai nostri condizionamenti e ai ricordi che incarnano. A tal fine è necessaria l'osservazione passiva, che acquisisce valore nei momenti di pura consapevolezza. Il vero è percepito da ciò che definisco « **Sé latente** ». Si manifesta attraverso la « **vibrazione** » che è in noi in un momento di lucida presenza. Questo viaggio ci conduce a una presa di coscienza. Quest'ultima ci aiuta a percepire la pressione di questo inevitabile condizionamento e ci fa capire che non siamo lui. Per questo motivo, una parte di noi deve riprendere in mano le redini, affinché un cammino interiore si apra dinanzi a noi e agisca. « **La risonanza del Sé incarnato** » è la comunione del nostro essere, « **non Sé cosciente** » e « **Sé latente** » riuniti per favorire una nuova forma di intelligenza e di intuizione.*

Capitolo 4

Parlare con le proprie cellule.

Nell'esercizio dell'osservazione affrontato precedentemente, notiamo uno stretto legame con il nostro corpo, le sofferenze che gli infliggiamo, i piaceri, gli obiettivi e gli scopi, lo stress, l'ansia, l'impazienza, la delusione e tutte le montagne russe emotive che costruiamo. Il corpo di cui stiamo parlando non è quindi quello del culto della bellezza, dei muscoli, dell'abbronzatura o dello sport che sono più vicini all'immagine del Sé. Si intende l'intimità con le nostre cellule in uno spirito di dialogo interiore. Non si tratta di parlare con se stessi dicendoci « *amo le mie cellule* », sarebbe divertente, ma anche infantile. Tuttavia, il nostro modo di pensare è sicuramente un dialogo con le nostre cellule, perché, per esempio, questa angoscia che deriva dall'immaginazione del pensiero su un fatto la percepiamo bene. L'immaginazione ci fa fare dei film mentali e ci stressa, poi ci ricama sopra e fa nascere l'attesa, il desiderio e altro ancora. Noi siamo le nostre cellule e queste sono un tutt'uno con il pensiero. Devono anche adattarsi ai nostri sviluppi e possono farlo solo gradualmente. Sarebbe auspicabile dare al nostro essere il tempo necessario per digerire ogni nuova percezione. Circa 100 mila miliardi di cellule convivono e si agitano in noi in modo organizzato. Le cellule ci compongono, sono noi, e da un certo punto di vista sono anche il nostro veicolo fisico che consente l'esperienza in questa vita.

> *« Amare le proprie cellule significa pensare in modo sano,*
> *significa amare se stessi, capire il rispetto del Sé*
> *e questa azione di beneficenza intima racchiude*
> *un tesoro insospettabile ».*

L'epigenetica.

> *« Definizione di epigenetica : corrisponde allo studio*
> *dei cambiamenti nell'attività dei geni che non compor-*

tano però alcuna modifica nella sequenza di DNA e che possono essere trasmessi durante la divisione cellulare. A differenza della mutazione, le modificazioni epigenetiche sono reversibili.

I progressi nell'epigenetica e nel lavoro di molti specialisti ci dimostrano che i geni possono essere influenzati e modificati dalle convinzioni. Ricercatori come Bruce Lipton, per citarne almeno uno, hanno anche scoperto nei loro lavori sulla cellula e la clonazione che, a seconda dell'ambiente in cui viene posta, potrà diventare muscolo, organo e così via, in un'infinita gamma di altre possibilità. Inoltre, i geni e il DNA non controllano le nostre funzioni biologiche, bensì sono controllati dal loro ambiente e da messaggi energetici provenienti dai nostri pensieri e dalle nostre convinzioni.

« Dobbiamo esserne a conoscenza per cambiare il nostro punto di vista. Non avrei mai pensato che una cellula potesse mutare cambiando ambiente ».

Ciò significa che l'uomo non è guidato dai suoi geni, come pensiamo da tempo, ma dal suo CONTESTO. Questo indica, per esempio, che uno stato di stress in cui ci troviamo, o nel quale possiamo immergerci in seguito ai casi della vita, cambia qualcosa dentro di noi. Questo stato di stress è proprio quello che risuonerà nel profondo del nostro metabolismo. Una situazione di questo tipo, a livello permanente o in ripetizione, provoca un cambiamento cellulare, le cui conseguenze possono rivelarsi pericolose per la nostra salute fisica e morale. Allora cosa facciamo ? Prendiamo una medicina, ma nascondere lo stress con una pillola o compensarlo tramite un piacere non toglie il male, ma almeno lo allontana un pochino. Un tale comportamento complica e rende ancora più complessa una situazione già di suo difficile da gestire. Scappiamo dal problema che ci perseguita, mentre questo male dentro di noi non è altro che il grido del nostro corpo, delle nostre cellule. La medicina svolge un ruolo molto importante e dobbiamo utilizzarla per curare le nostre malattie. Tuttavia abbiamo una parte di responsabilità che non può che gravare sulle nostre spalle. Cosa succede quando iniziamo questo lucido lavoro di controllo e di osservazione passiva del meccanismo del pensiero, dell'inevitabile condizionamento, del « *servitore* » e di tutto il resto ?

« Illuminiamo ciò che sta nell'ombra »

Il placebo.

Sorprendenti quanto l'epigenetica sono le ricerche sull'effetto placebo e ancor di più quelle sul placebo chirurgico, che dimostrano chiaramente fatti incredibili. Qui di seguito verranno riportati due esempi :

> « *180 pazienti affetti da osteoartrosi al ginocchio hanno ricominciato a camminare dopo un'operazione illusoria e persone gravemente affette da Parkinson, credendo di essersi sottoposte a trapianto di neuroni dopaminergici ottenuti da cellule staminali embrionali, si sono rimesse in movimento, a pattinare, ad arrampicarsi.*

> « *Henry Beecher. Il medico americano, nel Sud Italia durante la Seconda Guerra Mondiale, è a corto di morfina. Un soldato gravemente ferito deve essere operato immediatamente. Senza esitazione, l'infermiera sul posto prende una siringa con acqua salata e la inietta nel corpo del soldato dicendogli che si tratta di un potente antidolorifico. Il soldato allora si calma e non sente dolore quando viene operato a freddo da Beecher.*

Ci sono molte ricerche sull'argomento e i progressi scientifici, ai quali possiamo aggiungere le cosiddette tecniche non convenzionali, ci aiutano a capire che non solo possiamo agire sulle nostre cellule, ma possiamo anche riprogrammarle. Esiste un vero e proprio dialogo tra il nostro modo di pensare, di vedere il mondo e il nostro benessere. Questo approccio trasmette un insieme coerente che ci porta a interrogarci. Tale approccio racchiude in sé un passo avanti. Rappresenta in un certo senso un primo passo verso una forma di autogestione, una capacità di autoprotezione, una specie di auto-vaccino. Ciò che dobbiamo capire sono gli effetti positivi che il nostro modo di pensare cosciente ha sulla nostra salute. Un riallineamento consapevole richiede energia, deve avere senso e deve essere compreso. Il cammino consiste nell'imparare a prendere decisioni libere e responsabili per se stessi, nel diventare dunque un essere cosciente che capisce ciò che fa e perché lo fa. Allora, vediamo di capire che le cose dentro di noi hanno un senso e che ciò che è inciso nei nostri processi mentali è una fonte di ispirazione. Il lavoro inizia con il verificare nel « *vivo* » cosa c'è in noi, luci o ombre, con il capire cos'è manipolato da un fattore esterno inevitabile, ossia il mondo e la sua programmazione, e cosa invece da un fattore interno indisciplinato, « *il servitore* », che non è un decisore, ma solo un assistente. Dobbiamo mettere in primo piano la nostra lucidità, perché siamo dei segugi, degli auto-osservatori del momento « *vivo* ». Riflettere troppo su quanto è accaduto in passato ha i suoi limiti, quindi non serve a nulla. Dobbiamo farlo qui e ora, nel « *vivo* ». Dobbiamo riconoscere ciò che in noi deve far parte di un processo automatico, come il riflesso, il gesto ripetitivo di un lavoro, spegnere la luce se è giorno e così via. Dobbiamo osservare ciò che deve inscriversi in un ragionamento cosciente e indipendente da un processo mentale. Dico di osservare solamente, perché è molto importante non lottare, giudicare o commentare, ma solo vedere. Vedere crea in noi uno spazio supplementare e genera energia vitale, « *viva* ».

In sintesi : siamo le nostre cellule, miliardi di cellule che collaborano. Ci poniamo così pochi quesiti su questa realtà. Coloro i quali svolgono questo mestiere, che fanno avanzare la ricerca, ci danno accesso a delle informazioni. Epigenetica, placebo, terapia energetica... Il nostro stato d'essere, le nostre convinzioni, i nostri desideri, le nostre frustrazioni e i nostri obiettivi sono tutti segnali che modificano e agiscono nel profondo della nostra biologia. Abbiamo sia le chiavi di comprensione sia una parte di responsabilità nel modo in cui amiamo le nostre cellule.

Capitolo 5

I pensieri sono energia ?

I nostri pensieri sono energia ? E se lo sono, sono una forza che agisce ? Siamo consapevoli di ciò che accade a questo livello ? Talvolta facciamo fatica ad affrontare questioni per le quali è difficile avere un'esperienza diretta e ciò può talora ostacolare l'apertura nei confronti di un determinato fenomeno o anche lo studio dello stesso. Possiamo dunque guardare dal punto di vista scientifico per allargare la nostra visione sull'argomento. Questo ci mostrerà che la vita si organizza ben oltre i nostri sensi di vista e udito. Quindi riporteremo alcuni esempi per avere un campione dei settori che ci faranno luce e ci aiuteranno a capire meglio.

La fisica quantistica. Gli esperimenti sull'acqua.

1. *La fisica quantistica è una nuova tappa per la scienza, un nuovo paradigma, i vecchi concetti legati al modello ondulatorio (vibrazioni) e a quello corpuscolare sono ormai sorpassati e invitano il ricercatore, anzi forse lo obbligano, sia quest'ultimo scientifico o meno, ad ampliare le sue percezioni del reale.*

Vedi schema 1 - immagine 1 : Un fascio luminoso viene proiettato su uno schermo a doppia fenditura. La luce passa attraverso le fenditure e colpisce lo schermo. La luce è considerata come un'onda,

Schema 1

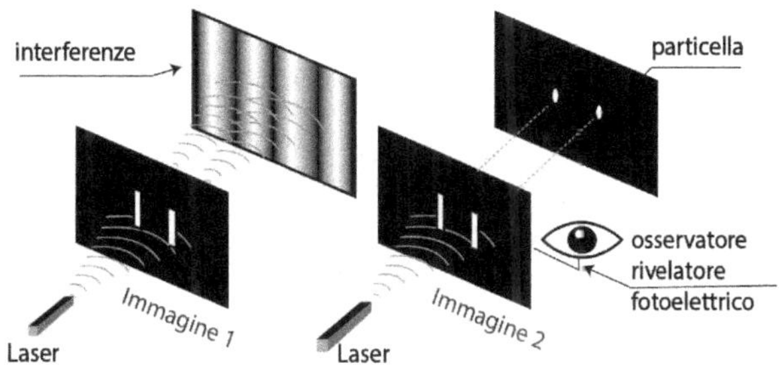

simile a quelle del mare quando si getta un sasso nell'acqua. La luce passa attraverso le fenditure e le interferenze verranno in seguito definite diffrazione e formeranno una serie di bande sullo schermo.

Vedi ancora Schema 1 - immagine 1 : Ora, quando proiettiamo le particelle una dopo l'altra, utilizzando un fascio di elettroni o un laser, queste non dovrebbero interferire come le onde, poiché sono particelle molto piccole (quantistiche), ma sono comunque particelle, e in più vengono proiettate una a una. Eppure, se guardiamo lo schermo, la diffrazione si verifica lo stesso, quindi si comportano come le onde ! ! ! La particella passa attraverso le due fenditure e causa le stesse interferenze. Questa è la cosiddetta correlazione quantistica.

Vedi schema 1 - immagine 2 : Mettiamo un rivelatore per vedere cosa succede dietro alle fenditure. Le interferenze cessano e non c'è più diffrazione. Il semplice fatto di osservare obbliga la particella ad adottare una posizione. Questi esperimenti sono stati condotti anche con particelle più grandi come gli atomi o le molecole C60.

> **« La conclusione scientifica è che è difficile non considerare il coinvolgimento della coscienza sulle particelle.**
> **Il nostro pensiero agisce veramente sulla materia... »**

2. *La correlazione quantistica. Due particelle in un sistema quantistico, separate l'una dall'altra, mostrano che modificandone una si influisce anche sull'altra, a prescindere dalla distanza tra di esse. O perché sono state create simultaneamente durante una collisione, o perché hanno interagito in modo molto stretto, si dice che siano correlate. Le due particelle condividono uno stato quantistico comune.*

I due cerchi, quello grigio e quello nero, rappresentano le particelle correlate. In questo esempio, la particella di sinistra ha il 90% di probabilità di essere grigia e il 10% di essere nera; la situazione è invertita per quella di destra. Dato che lo stato delle particelle è collegato (correlato) se una è grigia, l'altra è necessariamente nera. La proprietà che i ricercatori misurano appare aleatoria... Solo quando

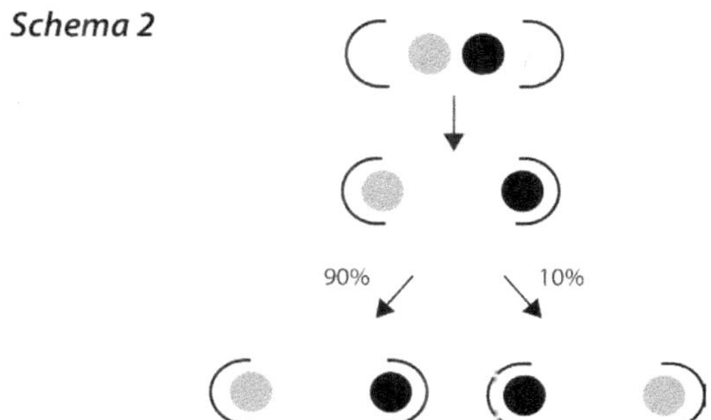

scoprono la proprietà di una delle particelle, proprietà misurata ma la cui misurazione è aleatoria, scoprono che l'altra particella possiede la proprietà opposta.

Correlazione quantistica temporale : è stato inoltre dimostrato che due fotoni che non sono mai coesistiti possono essere correlati, rivelando la non località temporale della meccanica quantistica.

Correlazione quantistica temporale : è stato inoltre dimostrato che due fotoni che non sono mai coesistiti possono essere correlati, rivelando la non località temporale della meccanica quantistica.

3.   *Percezione della materia : per capire alcune distanze nel cuore di ciò che chiamiamo materia, dobbiamo metterci al livello di questo « **infinitamente piccolo** », di questa dimensione. Se il volume dell'atomo avesse la dimensione della cupola della Basilica di San Pietro in Vaticano[1] , la dimensione del suo elettrone sarebbe come una testa di spillo e la distanza che li separa qualche centinaia di metri. La cosiddetta materia visibile, vista al microscopio, rappresenta meno dello 0,0001 %, il resto che sembriamo dimenticare rappresenta il 99,999 % ! ! !*

4.   *Esperimenti sull'acqua come quelli di Mazaru Emoto mostrano l'impatto dei nostri pensieri sulla nostra realtà. Guardate i filmati che ci sono sullo sviluppo dei cristalli di ghiaccio.*

---

1   Nassim HARAMEIN

Fate, o guardate, l'esperimento del riso proposto da Emoto :
Prendete del riso e cucinatelo correttamente, lasciate un po' di umi-dità. Riempite tre vasetti di vetro. Chiudeteli con il coperchio. Segnate ogni vasetto con una parola diversa.

*Vaso 1 « **Ti amo** ». Vaso 2 « **Ti odio** ». Sul vaso 3 non scrivete nulla, ignoratelo. Ogni giorno passate davanti ai vasi e inviate con il pensiero il messaggio indicato sulla scritta sul vaso. Noterete che il vasetto numero 1 ha un colore e un odore gradevoli, che il numero 2 è diventato scuro e puzza e che il numero 3, che avete ignorato per tutto il tempo, è diventato nero e nauseabondo.*

5. *Un'altra magia della vita : l'85 % del corpo umano è fatto di acqua, il che ci rende un perfetto ricetrasmettitore di pensieri. Ciò può avvenire attraverso particolari proprietà di memoria di informazione (in Mazaru-Emoto o in omeopatia, per esempio, esistono numerose ricerche nel settore legato all'acqua), oppure attraverso la fisica quantistica, perché nel suo « **infinitamente piccolo** » anche l'acqua è onda-corpuscolo.*

> **« Riflettiamo sul rapporto tra Big Bang
> e correlazione quantistica. »**

Non sono uno scienziato e in questo contesto non voglio sviluppare alcun concetto al posto di coloro i quali hanno dedicato la loro vita a tale studio, sapendo che queste informazioni sono libere e disponibili.

Possiamo soddisfare la curiosità andando alla ricerca di libri, conferenze e di ogni altro campo in grado di aprirci gli occhi sulle scoperte avvenute sul pianeta. In ogni caso, grazie a questi pochi esempi possiamo già percepire, capire i seguenti elementi :

Nel precedentemente definito « **infinitamente piccolo** », la materia è materia, ossia un corpuscolo, solo perché osservata, osservata peraltro nell'esperimento di Young, da un dispositivo elettronico i cui risultati sono analizzati dal pensiero. Bisogna sottolineare che si tratta di osservazione, ma non di un'osservazione umana, nonostante l'uomo abbia creato la macchina, bensì si intende ciò che la macchina registra nel suo stato meccanico di osservazione. La particella reagisce all'osservazione della macchina, a prescindere dal fatto che si tratti di qualcosa o di qualcuno, la reazione avviene. Senza osservatore la particella si comporta come un'onda, ha la capacità di propagarsi ed è, in qualche modo, priva di determinazione o di un futuro preciso. Vediamo che l'osservazione semplice, dato che si tratta di una macchina, è un atto che modifica la situazione, senza però che un'analisi o un pensiero interiore rischino di emanare energia distorsiva. Cosa succede quando osserviamo i nostri schemi, le nostre abitudini, le nostre paure, le nostre frustrazioni o le nostre gioie ? Ciò che stiamo osservando e ciò che è osservato sono la stessa cosa : noi. Qualcosa che è noi dovrà prendere posizione. Cosa farà dopo il pensiero ?

« Beh allora stiamo a vedere,
perché la cosa si sta facendo interessante ».

I percorsi dell'osservazione e il « Sé latente ».

Anche se non ce ne accorgiamo guardando il nostro corpo, la verità è che siamo un composto, organizzato in vita, di particelle quantistiche. Non sono solo alla base della nostra struttura fisica e psichica, ma anche alla base di tutto ciò che ci circonda, quindi ASSOLUTAMENTE TUTTO ! ! Prendete una pietra, una pianta, un uccello, della luce, a livello quantistico sono la stessa cosa. Insomma, tutto è fatto della stessa sostanza. Il vuoto è più della materia e la materia è il risultato delle forze create dai campi elettromagnetici. Grazie all'esperimento dell'acqua possiamo notare che il pensiero agisce sulla materia e quest'ultima assume la forma veicolata dal pensiero stesso. Mazaru Emoto ha inoltre dimostrato che l'acqua proveniente da una fonte naturale si arricchisce in comunione con la natura, grazie al suo percorso elegante e naturale. Nell'esperimento l'acqua produce un cristallo perfetto e splendido. Al contrario, l'acqua alla quale si attinge industrialmente e che poi scorre per centinaia, se non migliaia, di metri nelle tubature e nelle turbine, è impoverita da questo contatto sterile, freddo, duro e senza bellezza. Questa volta il cristallo ottenuto è brutto e deforme. Gli scienziati post-materialisti sostengono che l'informazione passi attraverso un campo invisibile, che il nostro cervello funga da filtro riduttore e che la coscienza umana non si trovi nel cervello. Che su una scala di grandezza siamo solo una minuscola particella che si agita in un essere molto più grande, il COSMO. È vero, non abbiamo un'esperienza diretta con queste informazioni, ma attenzione, non dobbiamo farne un terreno conquistato o una prova inconfutabile, ma non dobbiamo neanche escluderle dal nostro cammino di esplorazione.

Il nostro cammino è costellato di sassolini. L'incommensurabile, l'innominabile, ha creato la natura e ha permesso alla vita di manifestarsi, ci ha dotati di un veicolo multidimensionale di una rara e eccezionale perfezione. Direi addirittura bellezza, ma non in senso opposto a bruttezza, una bellezza cosmica, nascosta, insospettata, che si prende gioco dei nostri criteri standard di classificazione. Ma ecco, una densità sembra pesare sulle nostre teste : la nostra società, le nostre percezioni, la nostra cultura arrivano a esacerbare i nostri desideri e sembriamo quasi non apprezzare questo corpo e questo spirito multidimensionale che ci sono stati offerti per la nostra evoluzione.

« Se così fosse, il pensiero sarebbe una forza che agisce, e dovremmo quindi riconsiderare l'atto di pensare. Eppure facciamo molta fatica a uscire dal pensiero invasivo ».

Ma cosa costruisce il pensiero invasivo ? Alla luce di questa visione della natura invisibile delle cose, la questione si fa decisamente pertinente.

Sì, il pensiero occupa uno spazio opprimente a seconda dei momenti della nostra vita o delle difficoltà. Non ci fa dormire e ci astrae dal presente. In certi casi è come se ci facesse passare in un tunnel, ci fa pensare ad altro mentre qualcuno ci parla. Vuole rivivere dei momenti e li insegue a modo suo. Vuole convincere e avere ragione, pensa ai suoi problemi, ai suoi desideri, al futuro e al passato. Costruisce storie improbabili, fa delle diagnosi ipotetiche, le trasforma in desideri che forse domani si tramuteranno in frustrazioni. E alla fine finiamo sempre per credere al nostro pensiero. Per abitudine, inconsciamente o per mancanza di conoscenza, restiamo in questo breve schema di chiacchiere interiori, uno schema incessante e che si presume utile, ma senza saperlo monopolizziamo una preziosa energia di vita. Mi viene da dire che questo pensiero sia più forte ancora, perché anche essendone a conoscenza, abbiamo fatto presto a dimenticarlo, a dimenticare il momento presente e il « *vivo* », perché il pensiero prende il sopravvento. Tuttavia dobbiamo essere prudenti e indulgenti, perché il pensiero ci serve, ne abbiamo bisogno, ma non vogliamo per questo che « *regni* » in modo permanente. Comprendiamo anche che si tratta di capire la differenza tra « *ciò che è* » e ciò che possiamo paragonare quasi a un castello di lego costruito dal pensiero. Questo castello è ciò che vuole il pensiero. « *Ciò che è* » è la vera ragione, le radici profonde del perché il pensiero sia arrivato a volerlo e a convincerci che sia un bene per noi. Questo è l'esercizio di base e, anche se sembra difficile, è comunque fondamentale. Alcuni, dopo aver provato, potrebbero dire :

- « Sì, certo, capisco il concetto, ma per quanto ci provi non è facile e faccio molta fatica a concentrarmi. La vita, le sue difficoltà, la mancanza di tempo e l'ambiente mi fanno perdere il filo, dimentico quello che devo fare, e d'altronde non ho la minima idea di come si debba fare veramente ».

A questo possiamo obiettare affermando che la concentrazione sia un focus : un focus ci serve quando si vuole isolare un bersaglio. Non è il bersaglio a essere l'obiettivo, né l'obiettivo a essere il bersaglio, è il cammino che ci porta lì. Lasciamo perdere l'obiettivo e il bersaglio. È sufficiente osservare, vedere i nostri pensieri e guardare con discernimento e sincerità su cosa questi si fondino. Questo può farlo solo un osservatore puro, ma non del passato, in quanto cosciente della propria natura, delle sue qualità e dei suoi difetti nel modo di pensare, senza giudicare, anche se la riflessione deve essere effettuata come un vero check-up, lo può fare solo un osservatore puro del presente, si tratta di una meditazione permanente. Nessuno vedrà questo processo, tranne l'Io. Come già affermato precedentemente, siamo su una strada a doppio senso e capire che una parte di noi per sopravvivere segue un flusso esterno è una cosa, però capire che un'altra parte di noi per vivere deve seguire un flusso interiore, è un'altra. In effetti abbiamo una parte meccanica, che ci è utile per guidare un'automobile, ma non deve essere noi, o in altre parole, non deve rappresentarci. Il « *Sé latente* » non è inaccessibile, è lì da sempre, lo sentiamo quando facciamo spazio. È pro-

prio questa parte di noi che riprogrammerà il « *servitore* », in tutto
questo noi non c'entriamo, perché fa tutto lui da solo. Il semplice
fatto di osservarci, senza giudicare, senza aspettative, senza pretese
o obiettivi è il LAVORO che aggiusta la nostra bussola sul « *vivo* ».
Dobbiamo pazientare e perseverare. Ciò che dobbiamo capire è che
l'intenzione e la volontà che devono inscriversi, non in un ordine o
in una richiesta, ma nel prolungamento di una comprensione, sono
la chiave di volta del nostro progresso. Non dev'essere una punizione, questa formula di osservazione segue un percorso interiore
non guidato da nessuno, quindi la punizione non ci riguarda. La
sfida sta nella nostra capacità di comprendere questi aspetti di noi
stessi e le leggi della vita. Queste leggi, inoltre, non sono quelle che
l'uomo ha scritto nel corso della storia... Queste leggi non possono
essere scritte, perché la vita è in continuo movimento, mai potremo catturare due volte la stessa immagine della natura. Tuttavia è
vero che alcuni scritti ci indicano la direzione, ma si tratta ancora di termini che il pensiero vuole cogliere, ma che distorce per il
suo bisogno di possedere la verità. Perché voler correre senza saper
camminare ? Non esiste un metodo per comprenderci e se qualcuno volesse scriverlo, sarebbe necessariamente il suo. Se seguiamo il
metodo di un altro, ci rinchiudiamo in quello che abbiamo capito
del suo metodo. Per questo motivo, anche se seguiamo una determinata direzione, l'esplorazione resta una questione personale, l'osservazione di Sé è importante, è la nostra guida suprema.

> *« Quindi possiamo scegliere di compiere un atto religioso,*
> *Quello di non rimettere la nostra responsabilità,*
> *nelle mani di un altro ».*

Accogliamo miliardi di particelle quantistiche e noi stessi siamo
accolti da un'immensità cosmica. Osserviamo che l'acqua che compone i nostri organi è soggetta alle regole della coscienza mentale.
Diamo più importanza al fatto che l'umanità di cui facciamo parte
possa e debba elevare il proprio pensiero, perché agisce. Possiamo
notare che più percorriamo questo cammino, più si fa insostenibile
il fatto che il nostro « *servitore* » tiri le nostre fila. Percepiamo poco
a poco ciò che controlla, il nostro aspetto lunatico e molte altre cose.
Continua ad accumulare informazioni sotto forma di immagini,

come un computer che archivia foto provenienti da diverse fonti. La vita vuole che ci apriamo alla conoscenza, inferno e paradiso riflettono le ombre e la luce presenti in noi nel momento presente, presente che è infinito, non una destinazione futura, dogmatica, ma un fatto. La rabbia e l'odio sono memorie e pensieri, sono l'inferno presente e anche la prigione di chi li vive. Al contrario, amore e gioia, quando siamo così fortunati da provarli, non si pensano, non sono nemmeno ripetibili, perché non abbiamo alcun controllo su di essi. Sono o non sono, ma quando sono, sono paradiso. Affinché si instauri un senso, un legame tra spiritualità, civiltà ed esperienza di vita personale, deve nascere una sinergia nella nostra struttura mentale, una « *risonanza del Sé incarnato* ». Si tratta di inscriverci non solo in un'evoluzione del nostro essere, ma ben oltre, in una realtà che ci supera, perché siamo qui con la materia, per evolvere il noi cosciente nella sua ricerca e in quella di questo infinito movimento. A un certo punto della sua esistenza, l'essere umano prende coscienza di questa dimensione. Si sveglia o meglio si risveglia. E sì, il risveglio non è niente di complesso, ma neanche una cosa che cade dal cielo, da chissà dove.

È dimostrato che trascorriamo troppo tempo fuori dal presente e l'inquinamento al centro della « *mente inferiore* » ne è la prova (vedi schema 1 nella pagina seguente). Ogni volta che pensiamo a qualcosa di diverso da quello che stiamo facendo, ogni volta che il nostro pensiero è altrove, sullo sfondo della nostra azione, perdiamo il contatto con il « *vivo* ». La spontaneità agisce quando siamo nel « *vivo* ». Non bisogna confonderla con le risposte spontanee dualistiche guidate dal « *servitore* » e dall'ego nella « *mente inferiore* ». I due schemi che seguono propongono in forma visiva l'idea di formazione. Capiremo la giusta collocazione della « *mente inferiore* » e della « *mente superiore* », del « *servitore* » che chiede tutto, del « *Sé latente* » che non chiede nulla, ma che aspetta che la porta si apra per far finalmente spazio. Vi invito a osservarlo dal basso verso l'alto, ossia dalla « *mente inferiore* » verso la « *mente superiore* ».

Il « *servitore* » è posizionato al centro del cerchio della « *mente inferiore* ». Dobbiamo capire in questo contesto che quando si scambia per noi, a lungo termine, è come se ci imprigionasse in un vaso chiuso.

Schema 1

Sé latente

VEDERE CIÒ CHE È

Non sé cosciente

Cammino verso :
• Un pensiero meno inquinante
• Una migliore conoscenza di sé
• Cogliere un cosmo etico
• Comprendere la radice di ciò che vive in noi
• Percepire meglio i nostri sensi
• Orientare lo spostamento del nostro centro della realtà

Sviluppo:
➢ Dell'osservazione
➢ Della percezione
➢ Dell'intelligenza non deformata
➢ Della pazienza
➢ Della responsabilità

Evoluzione personale che implica la comprensione del «vivo». La vibrazione

Acquisizione dell'evidenza, delle radici dell'albero, della comprensione del Sé.

MENTE SUPERIORE

MENTE INFERIORE

LE NOSTRE CONVINZIONI: le programmazioni inevitabili, culturali, educative e della società… le programmazioni non coscienti. Le tradizioni

Il servitore

inquinamenti interni che implicano un ragionamento mentale inferiore

FRUSTRAZIONI, DISAPPUNTI, RABBIA, TRISTEZZE, INCOMPRENSIONI, PAURE, SENSO DI COLPA…

IMMAGINAZIONE basata sulle nostre convinzioni, lavoro permanente del pensiero invasivo, storie ipotetiche future, ciò che devono pensare le altre persone…

DESIDERI

per delle realtà

Aspettative

Schema 2

RISONANZA DEL SÉ INCARNATO E COSCIENTE

Sé latente

Sé cosciente

Cammino verso :
• Un pensiero meno inquinante
• Una migliore conoscenza di sé
• Cogliere un cosmo etico
• Comprendere la radice di ciò che vive in noi
• Percepire meglio i nostri sensi
• Andare verso il "vivo" sconosciuto

Sviluppo:
➢ Dell'osservazione
➢ Della percezione
➢ Dell'intelligenza non deformata
➢ Della pazienza
➢ Della responsabilità

Evoluzioni personali che implicano la comprensione del «vivo».
La vibrazione

Acquisizione dell'evidenza, delle radici dell'albero, della comprensione del Sé.

FORMAZIONE

FORMAZIONE

MENTE SUPERIORE

MENTALE

LE NOSTRE VIBRAZIONI:
le programmazioni coscienti,
le conoscenze pratiche,
i mestieri,
le funzioni automatiche ripetitive

Il servitore

LE EMOZIONI si evolvono

L'IMMAGINAZIONE
è osservata
dalla coscienza

I SENSI
sono in risveglio, lavorano nel presente

*In sintesi : siamo i nostri pensieri, un flusso incessante di informazioni che circolano continuamente in ciò che chiamiamo noi. Circolano anche in questo cosiddetto vuoto che ci circonda. Sono energia e forze che agiscono. La correlazione quantistica e l'esperimento delle fenditure di Young ne sono la prova : non solo l'osservazione agisce sulla materia, ma anche la materia si organizza e si correla nella quantistica. L'osservazione di una particella obbliga quest'ultima a fare una scelta riguardo la propria posizione e la propria velocità. L'acqua, che ci compone per l'80 %, è un codificatore di informazioni ed emozioni. Pensare non è un principio isolato, pensare è un atto che agisce sulla vita in senso lato, su scala cosmica. Eppure facciamo molta fatica a uscire dal pensiero invasivo, fuori dal nostro controllo. Il pensiero, quando non viene osservato da una coscienza lucida, ci immerge in storie ipotetiche, aspettative, dualismi, desideri e frustrazioni... L'osservazione di Sé non è una punizione quando è lucida. È una scoperta del « **vivo** », che include ciò che siamo. È risveglio o « **risonanza del Sé incarnato** ». Il nostro vero cammino.*

Capitolo 6

Il « *non Sé cosciente* », o soggetto che pensa troppo nella mente inferiore, determina il suo comportamento basandosi sul condizionamento inevitabile da cui proviene. Il pensiero entra in campo e ragiona in questo loop, i sensi e le emozioni sono in preda a tale fenomeno. L'immaginazione che ci anima e che è presente fin dalla nostra più giovane età, si estende in una parte basata sull'intossicazione sociale e ci immerge in mondi che diventano una realtà dualistica, fatta di desideri, obiettivi, convinzioni e prigionia. Ciò accresce il potere dell'« *Io* » e del pensiero che occupano tutto lo spazio, ricoprono il « *vivo* » esteriore e interiore. Il « *non Sé cosciente* » diventa noi, seguendo quasi alla lettera la citazione « *penso dunque sono* ».

Il « *Sé latente* » è qualcosa in più, che non solo è già presente, ma lo è sempre stato. Per ragioni sconosciute appare più o meno sovente alla coscienza. Benché perfettamente collegato, trova la sua intimità al di fuori del corpo, delle emozioni e dei sensi. Sta aspettando che la porta si apra. Non ci sono regole per il suo risveglio, non è neppure addormentato, semplicemente non ha spazio. In alcuni individui ha avuto un ruolo sempre crescente, in altri invece emerge a seconda delle circostanze.

« *La risonanza del Sé incarnato* » è una nuova comprensione che ci appare. Dà un'altra dimensione e un altro ruolo al nostro libero arbitrio, siamo sempre più in grado di guardare la nostra esistenza con occhi diversi. Cominciamo ad accettare che ci sia una bellezza nascosta, anche per ciò che ha il sapore e il colore della fatalità percepita dal « *non Sé cosciente* ». « *La risonanza del Sé incarnato* » è lo spirito, l'intelligenza, il conciliatore o il direttore d'orchestra che riunisce il « *non Sé cosciente* » e il « *Sé latente* » su uno stesso asse e permette che un lavoro di apprendimento possa aprirci alla comprensione di sé, all'ignoto. Questo ignoto non possiede né interiorità né esteriorità, così come lo spazio al quale spesso faremo riferimento. « *La risonanza del Sé incarnato* » farà anche in modo che le cose vadano bene, un po' come l'asse terrestre, seguendo il movimento di una percezione i cui contorni limitativi si stanno gradualmente cancellando.

Ci troviamo costantemente a confrontarci con il concetto di giustizia, con il significato di responsabilità (cfr. Capitolo 8). L'evoluzione della coscienza, il movimento, richiedono una rivalutazione permanente. Ma vediamo che ciò è possibile solo se per noi si tratta di un qualcosa di sensato e comprensibile. La comprensione non richiede sempre che ci sia o che ci sia stata un'esperienza vissuta. Tuttavia, abbiamo bisogno di un'approvazione interiore e l'osservazione è uno strumento potente. Eppure a volte non siamo consapevoli della strada sbagliata, che però abbiamo imboccato. Oppure questa strada era proprio necessaria, perché consigli o spiegazioni non aiutano, non sono nemmeno sufficienti. In questo caso, è vivendo l'esperienza che impariamo, o rivivendola fino a quando assimileremo completamente nel più profondo del nostro essere ciò che dobbiamo comprendere. L'universo è instancabile e, se rimaniamo sordi di fronte a tale chiamata, ci farà confrontare con queste esperienze, al di là dell'immaginabile. Ed è attraverso questo processo che la vita trasmette il suo messaggio.

È possibile vivere la quotidianità stando sempre nel « *vivo* » ? Ci troviamo costantemente di fronte a ogni tipo di situazione, dalla più tranquilla alla più travolgente ed enigmatica. Da questo punto di vista, siamo facilmente ridotti a un'osservazione incompleta, se non addirittura inesistente quando ci troviamo sotto a una tale pressione. Anche se siamo sempre più attenti, coscienti dei fenomeni interiori e dei movimenti esteriori, non è facile e nemmeno scontato mantenere l'attenzione, perché il pensiero ci fa rientrare nel suo tunnel alla prima occasione. Le abitudini e le paure sono tenaci. Tuttavia, passo dopo passo, continuiamo a migliorare e constatiamo con forza che, alleggeriti dal pensiero che ci opprime, siamo in uno stato che include e abbraccia sia il benessere sia la chiarezza, come nell'occhio di un ciclone. Al centro c'è questo silenzio, fuori c'è il pensiero invasivo. Non il silenzio senza il rumore esterno o senza azioni o movimenti, qui parliamo del silenzio che si fa sentire quando il pensiero opprimente molla la sua preda. Quindi, a seconda dei nostri stati d'essere, viaggeremo tra il centro e l'esterno per un tempo indefinito, poiché non dipende dalla volontà o dall'accanimento, bensì dai sottili effetti dell'osservazione. Come già sottolineato, l'osservazione non è il pensiero e sappiamo anche che questa agisce sulla materia, in ogni caso nella quantistica. Presto constateremo che, nel silenzio, siamo in grado di agire con parole o fatti. Osservando tutto ciò, qualcosa in noi prova il bisogno di avere maggiore spazio. Gli obiettivi e i condizionamenti sono una minaccia per questo silenzio, perché attivano il pensiero e il suo tunnel. Nel tunnel nascono molte emozioni che sconvolgono la nostra interiorità, per poi raggiungere il nostro corpo, rafforzando anche l'urgente necessità di trovare una soluzione, che però non fa altro che incrementare pensiero e tunnel. Nel silenzio invece percepiamo che emozioni e sensazioni si dissolvono e svaniscono. Tuttavia la vita ci obbliga ad agire costantemente e ci mette a confronto con ciò che ci circonda. Ma le cose stanno poco a poco cambiando, sembra che in noi ci sia qualcosa di nuovo. La definizione del termine « *responsabile* » ha sfumature diverse. E anche se ci risulta più facile agire senza avere scelta, senza confusione, talvolta a posteriori proviamo frustrazione, sofferenza o comunque un'emozione che nasce a fronte di questi nuovi operati. Osservando nuovamente, ci sembra che il nostro modello stia cambiando e che sia in contrasto con le nostre vecchie abitudini, perché vediamo il falso del vero e il vero del falso di queste ultime. Una delle spiegazioni che possiamo fornire con certezza è che c'è un percorso per imparare a rispettarci e questo percorso non sempre è in linea con il nostro condizionamento. Esiste un legame diretto con la nostra coscienza e poi finiamo per tornare alle nostre cellule. Lì qualcosa prima o poi succede...accade. Come già ribadito, se l'ambiente interno cambia, cambia anche la cellula (cfr. Capitolo 4). La vita ci mette di fronte a un processo e vi propongo di guardare tutto ciò in modo molto positivo. Lo scontro tra spirito e materia fa vivere e crescere la coscienza. L'esperienza è lo shock provocato dalle leggi della vita, per permettere alla coscienza di imparare. Il pensiero deve smettere di monopolizzare lo spazio giocando con il futuro basandosi sul passato, o di cercare la soluzione al problema che lui stesso ha creato e così via. Ovviamente deve svolgere il proprio ruolo per imparare un mestiere, per programmare il domani, per pilotare ciò che riguarda i nostri bisogni, le nostre necessità, un viaggio e ogni aspetto tecnico. Ma per quanto riguarda il movimento presente, che concerne le nostre azioni e il rispetto del Sé, comprendiamo che deve essere tutt'altra cosa. Questo è il ruolo della « *risonanza del Sé incarnato cosciente* », che mette in pratica tutta la sua arte affinché « *l'azione senza scelta* » possa essere condotta nel suo contesto con rispetto ed equilibrio. Questo principio « *d'azione senza scelta[1]* » diventa costruttivo solo se vi è lucidità del Sé, distacco, sensibilità e completa attenzione. Tutto è in movimento, nulla è fisso. Un obiettivo fisso, un'idea fissa non hanno senso per « *ciò che è* ». L'osservazione di « *ciò che è* » e la spontaneità non possono esistere quando esiste un obiettivo fisso. Per questo motivo l'obiettivo non è il bersaglio, bensì il cammino. Andare incontro all'ignoto è terrificante per il pensiero, che è così abituato all'analisi, all'azione minuziosamente preparata. Il suo ruolo deve essere tenuto d'occhio, perché se è quello di pensare a tutto ciò che sta accadendo, non può certamente essere quello di controllare il futuro, tranne naturalmente la parte tecnica, come abbiamo già visto. Così si evolve l'essere, la sua coscienza, il suo corpo e le sue cellule, lo spirito, il nostro cosmo e ogni particella che lo compone, non più nel pensiero, ma nel « *vivo* ». Come in una danza sensoriale che fa parte di un tutto correlato, collegato in tutto, su un asse presente.

*L'universo vuole che impariamo, quindi combattuti tra questi due, abbiamo bisogno di senso, senso che dà « **vibrazione** » al nostro sguardo, alle nostre azioni. Grazie a questo senso si può avviare in noi un lavoro di apprendimento, con umiltà e indulgenza. La comprensione della nostra composizione, « **non Sé cosciente** », « **Sé latente** » e « **risonanza del Sé incarnato** », permette al nostro libero arbitrio di agire con maggiore discernimento. In seguito, l'osservazione prima e poi progressivamente il silenzio, possono avanzare su questo cammino che facilita un sicuro distacco dallo scopo, dal desiderio, dalla sofferenza, dalla frustrazione e da tutto il resto. Anche se rimangono, i loro valori cambiano gradualmente. Non abbiamo alcun controllo*

---

1 *Azione senza scelta : azione immediata che si verifica da sola, favorita dall'« intelligenza »*

*sugli elementi della vita, nessuno ne ha, ma osserviamo con discerni-
mento e sempre più sorpresa che le nostre cellule, la nostra coscienza,
la vita, le leggi dell'attrazione e altri fattori, che andremo a sviluppare
successivamente, hanno un forte legame, che va ben al di là dei nostri
limiti intellettuali.*

Ai confini del corpo, della coscienza e dello spirito.

**« *Siamo collegati a qualcosa di senza tempo, come da una porta,
questo spazio è altrove, fuori dal pensiero divorante,
fuori dal nostro cervello, è al di là delle frontiere
e fa di noi un viaggiatore* ».**

L'uomo così come lo conosciamo oggi, con la sua coscienza, sembra
essersi sempre posto questa domanda senza trovare risposta. Cosa
siamo ? Cosa c'è dopo ? Può porsi due domande.

L'opera del destino ? :

Alcuni materialisti pensano che ci siano milioni di universi creati
da fenomeni cosmici come il Big Bang e che il caso abbia finito, a
forza di molteplicità, per creare un equilibrio in uno degli spazi : la
nostra galassia. Che la vita si accenda e si spenga per lasciare spazio
ad altri sistemi che saranno più resistenti e che l'evoluzione risieda in
un rapporto di circostanze, di forza e di causa-effetto.

L'opera di un creatore :

I fiocchi di neve sono tutti diversi, ma
hanno tutti sei rami

Il numero aureo, conosciuto anche con i nomi Phi o serie di Fibonacci, è
presente ovunque in natura, nella fauna, nell'uomo e nel cosmo.

Il numero   Galassia   Nautilus

Il toro (o toroide) è una figura geometrica, un campo di energia
visibile all'infinito nell'universo, l'universo è un'immensa fabbrica
di tori.

Toro dell'atomo   Toro della terra   Toro dell'uomo

Tutto questo segue una regola, una legge definita, e noi ci siamo dentro. Quindi, qual è il concetto aleatorio, frutto del caso, che può lasciare una tale traccia su tutto ciò che ci circonda, che ci abita e che chiamiamo vita ? Sarà forse la casualità... ma se così fosse, non avrebbe un ruolo di primo piano.

Per quanto riguarda la domanda « *cosa siamo e cosa c'è dopo ?* » sarebbe saggio affermare che per ora l'uomo non ha ancora trovato risposta... In ogni caso, in modo chiaro e inconfutabile, il pensiero è il solo a cercare questa risposta. Ma lo fa per pura conoscenza personale, per paura o per entrambe ? Comunque, sentiamo nel nostro Io profondo che qualcosa ci supera, solo allora ci sarà chiaro, chiaro che dobbiamo liberarci dall'affermazione, dalla ricerca di una risposta o di un rifugio rassicurante. Tutto può essere osservato e poi giudicato, o semplicemente osservato. La scienza con il suo sviluppo post-materialista, la ricerca sempre più attiva e la centralizzazione delle informazioni (metadati) aprono degli approcci. Tali approcci offrono delle piste molto chiare e molto dettagliate, oppure anche sorprendenti. Dalla nostra parte abbiamo la ricerca, che può far crollare il muro di mattoncini del nostro condizionamento. Ma dobbiamo stare attenti a non uscire da uno modello di convinzioni per poi incappare in un altro. Dire « *questo è falso* » o « *questo è vero* » è limitante, perché il discorso finirebbe lì, significherebbe non parlarne più e restare nella comoda e sicura convinzione che ci appartiene. Ciò non comporterebbe forse la morte di una piccola parte di noi ?

La ricerca, OBE, NDE.

Prendiamo i risultati di ricercatori, giornalisti specializzati e scienziati[2] su NDE (Near Death Experience o esperienza di pre-morte) e su OBE[3] (Out of Body Experience o esperienza extracorporea). Esiste una vastissima letteratura prodotta sull'argomento, frutto del lavoro di giornalisti appassionati, ricercatori, dottori... Anche se al-

---

2 *Pierre Jovanovic, giornalista, libro: Inchiesta sull'esistenza degli angeli custodi.*
3 *Nicolas Fraisse, esempio di persona seguita dai ricercatori scientifici Claude Charles Fourrier e Sylvie Déthiollaz in merito alle esperienze extracorporee.*

cuni scettici possono incontrare qualche difficoltà con il termine
« *decorporazione* », studi di casi in tutto il mondo ci invitano a
considerare questi fenomeni, a non limitarci. Le persone che hanno
vissuto uno stato di coscienza modificato, NDE o OBE, pur non co-
noscendosi affermano tutte la stessa cosa, hanno avuto visioni simili. Stranamente, dicono anche che non ci siano parole o sensazioni
per descrivere l'esperienza. Nel nostro vocabolario manca o non esiste un termine in grado di spiegare o descrivere i fatti avvenuti, ciò
che hanno percepito, come invece si può descrivere un albero. L'idea
di un'esperienza multidimensionale non può essere scartata così facilmente. Non si tratta di trovare un rifugio o di mettere una cintura
di sicurezza, perché prima o poi ci troveremo di fronte all'ignoto.
Vita e morte non sono separate, perché l'una non esiste senza l'altra
e siccome non sappiamo se il contrario sia giusto, abbiamo paura
della morte. Abbiamo innegabilmente paura dell'ignoto. Il nostro
pensiero e il suo funzionamento non sembrano essere all'altezza di
stabilire un qualcosa di sicuro. Non è forse esso stesso a cercare sicurezza per paura dell'ignoto ? Le religioni hanno tutte i loro approcci
sul modo in cui dovremmo salvare le nostre anime, promettendo in
tal modo una sicurezza dinanzi all'eterno. Molte credenze diverse
sono presenti nell'essere umano da millenni. Nel mondo sono state
individuate circa 10.000 religioni. I concetti di vita dopo la morte o
di « *vita oltre la vita[4]* » sono argomenti di una certa rilevanza, che
non sono sviluppati esclusivamente in ambito religioso, perché ormai da tempo tutti i filosofi, i ricercatori e gli scienziati hanno scritto
molto sull'argomento. All'idea di morte si associa la sofferenza, che
ci terrorizza tanto quanto la prima. Non è che siamo sensibili alla
sofferenza perché la proviamo nell'intero corso della nostra vita ? La
viviamo dall'interno e la vediamo all'esterno, attraverso i mezzi di
comunicazione, i viaggi, le situazioni. Le sofferenze ci abitano, così
come la collera, i desideri, le frustrazioni, l'ego e le paure, come se
fosse un unico blocco frammentato in diversi aspetti. Non è possibile trovare alcun nascondiglio di fronte a tutto questo. Richiedere
alle istanze superiori o al divino la protezione o l'aiuto auspicati,
può talvolta rivelarsi utile e necessario per sollevarci e riconfortarci,

---

4 *Raymond Moody Dottore in filosofia e dottore americano. Libro: La vita dopo
la vita.*

ma non si tratta di un'osservazione interiore, bensì di una richiesta. Non vi è alcuna indicazione che rinnegare questo aspetto sia lecito o meno, ma possiamo comunque controllare un po' il nostro lato puerile. Parlare, chiedere sono atteggiamenti liberatori e utili, ma è sufficiente ? Sta agli osservatori della verità rispondere a tutto ciò, ma non sotto forma di risposta e di conclusione, bensì attraverso la meditazione, quindi meditiamo, meditiamo ancora, non rinunciamo più a creare spazio per osservarci e per scoprirci, c'è qualcosa di luminoso in ognuno di noi, che impara ed evolve nel progredire delle sue sensazioni. Spirito e materia aprono la coscienza. « *Non Sé cosciente* » e « *Sé latente* » danno il via alla « *risonanza del Sé incarnato* ». Il Polo Nord e il Polo Sud formano l'asse che fa girare la terra. Il più e il meno non si annullano, non sono gli opposti che pensiamo, bensì un movimento in cui dobbiamo agire. Questa verità esiste in noi e intorno a noi.

Libertà e fede.

La vita di ogni essere sulla terra ha un senso proprio e un senso comune, l'evoluzione dell'umanità fa sì che tutto abbia inizio a partire da una programmazione ambientale inevitabile. Questo fondamento rappresenta sia le basi della saggezza sia la barriera che ostacola la saggezza stessa, poiché nessuna forma di potere facente parte della programmazione della società potrà creare un andamento armonico. Paesi, poteri, sette, religioni, guru hanno generato solo divisioni, guerre l'uno contro l'altro, guerre in sé; le frontiere, i desideri e gli obiettivi che esistono in noi fanno esattamente lo stesso. L'essere umano deve essere consapevole delle somiglianze tra interiorità ed esteriorità per poter cambiare se stesso e perciò deve essere libero nel suo intimo, libero da dogmi e dalle loro regole, libero da pressioni mentali che influenzano, libero di vedersi esattamente così com'è, senza essere il proprio carnefice. Tutto ciò non ci esime dal dover rispettare le regole e le leggi della nostra società. Ma tali leggi non impediscono questo nostro processo, perché nessuno lo può vedere, è dentro di noi. La macchina ripete, la clonazione ripete. Questo progresso personale è semplice, sano, siamo noi che ci guardiamo, « *Noi* » non esiste nel confronto con un altro, che è o non è, che ha o non ha qualcosa in più o in meno rispetto a « *Noi* ». Confrontarsi, voler assomigliare ad altri, seguire per pura fede, equivale a voler vivere la vita scritta così com'è, la vita dell'altro, seguire la strada dell'altro e purtroppo perdere la propria. Il pensiero che opprime non vive, ma rinchiude... Quindi, spingere questa porta significa lasciar entrare questo spazio, questo « *vivo* ». Succede qualcosa nel momento in cui la convinzione diventa instabile, non personale, superficiale : un raggio di sole arriva a scaldare la nostra atmosfera, sarà forse la Fede in « *Noi* » ? Forse sì, perché qualcosa deve scuotere la « *vibrazione* » che vive in noi, qualcosa di incrollabile in « *Noi* » deve farlo. Al di là dell'ostacolo, al di là della mente, al di là di una cosiddetta intelligenza intellettuale. La fede in Sé permette di mettere piede in terre sconosciute, al di là della memoria che è invece ciò che conosciamo.

In sintesi : la natura e il cosmo ci mostrano che esiste una struttura divina nell'universo, nei tori, nei cristalli, nel numero aureo... vediamo che il caso non ha un ruolo di primo piano, o diciamo che lo fa nel modo giusto ! Sembriamo essere i soli a poter rispondere alla domanda : nel profondo, cosa siamo ? Ci sono così tante ricerche su NDE (esperienze di pre-morte) e su OBE (esperienze extracorporee), che possiamo sentire di essere più di semplici cellule agitate da impulsi elettrici e chimici. Allora, dove inizia e dove finisce la nostra esperienza di vita ? Ciò che viviamo, le nostre gioie, le nostre sofferenze, le nostre difficoltà, i nostri successi, sono tutti privi di significato ? No, l'esplorazione del Sé in primis e in seguito le conoscenze attuali e i puzzle che si possono fare esprimono proprio il contrario. Ma per questo abbiamo bisogno di trovare la nostra libertà interiore, e possiamo farlo attraverso questa osservazione costante, non seguendo un guru, un dogma o una legge scritta, ma osservandoci, vedendo il vero, coscienti del falso nel vero e del vero nel falso, apriamo una porta, un cammino...

Capitolo 7

Per cominciare, chi può pretendere di spiegare in modo corretto cos'è giusto e cosa non lo è ? Ancora una volta, non spetta all'uomo, ai parenti stretti o lontani o all'amico definire questo concetto, ma spetta all'uomo osservare ciò che si trova nella sua sfera di percezione per percorrere questo cammino. Nelle relazioni possiamo stare attenti a ciò che vediamo in noi, a ciò che sentiamo. Possiamo poi condividerlo in modo che si crei uno scambio, che si compia una fluidità e che defluiscano eventuali tensioni. Ma proseguiamo, questi sentieri sono fatti apposta per ognuno di noi e devono essere convalidati dall'esperienza personale, unica via per la nostra evoluzione. Se dovessi auto-definire una visione del giusto, lo farei dicendomi che devo trovarla dentro di me e che sarebbe corretto per me sapere che « *la risonanza del Sé incarnato cosciente* » mi aiuterà. Spesso abbiamo l'abitudine, o addirittura la necessità, che il nostro giusto sia apprezzato, approvato e applaudito dagli altri. È il riconoscimento, come se si trattasse di un modo per verificare la fondatezza delle ragioni che giustificano il nostro comportamento. Allo stesso modo a volte ci lasciamo convincere, altre volte invece cerchiamo di seguire qualcosa, un obiettivo, un'ambizione, una necessità, una persona, un'idea, una ricerca, una passione, una fede... Sebbene una direzione debba essere definita proprio da noi, è possibile essere qualcuno, senza mai seguire nient'altro che i passi che illuminano il nostro cammino ? Forse solo essendo responsabile (nel senso di qualcuno che si applica a una maggiore chiarezza con gli altri) nel rispetto del Sé ? Negli scambi con i nostri simili, famiglia, amici, colleghi di lavoro, parenti di sangue o acquisiti, tutti noi proviamo, a vari livelli, sentimenti molto diversi a seconda della vicinanza affettiva o della gerarchia. Possiamo volere il meglio per loro essendo amorevoli, di supporto, premurosi, disponibili all'ascolto, comprensivi; talvolta però possiamo fare anche troppo, diventando invadenti, esigenti, curiosi, sconvenienti, troppo diretti. Possiamo essere opprimenti o oppressi, possiamo essere nel « *non Sé cosciente* », che perde un controllo sicuro, travolto dalle emozioni e dai desideri, o nella « *risonanza del Sé incarnato* », attento e osservatore di se stesso e della situazione, cercando di compiere l'azione giusta. Ma qualsiasi cosa facciamo, la domanda sembra tornare a galla continuamente : è giusto ciò che facciamo ?

A un certo livello di messa in discussione, non siamo capaci di determinare in modo sicuro cosa si debba fare, dire o meno. Siamo in grado di mettere in discussione tutto e qualsiasi cosa, perché spesso abbiamo una nozione personale di ciò che è giusto, una nozione definita, fissa. Il pensiero, per quanto strutturato e bello sia, resta comunque memoria. E la memoria personale non è il « *vivo* »... Che cos'è una nozione personale del giusto ? Si tratta di un concetto legato all'« *immagine del Sé* » (cfr. Capitolo 9). Una volta iniziato questo lavoro, quello di osservare i nostri pensieri, vediamo quanto il nostro cervello possa prenderci in giro ! ! Può avere la faccia tosta, nella sua intimità, di raccontarci qualsiasi cosa, dalla favola alle idee più stravaganti. Basta ascoltarsi parlare nella propria testa per rendersene conto ! ! ! A volte può essere anche sconvolgente. Quindi, per mettere maggiormente in luce questa nozione del giusto, possiamo aggiungere una nuova componente, il nostro ego. Potremmo guardare l'ego sotto due aspetti differenti : l'ego alto, che si sovrastima e l'ego basso, che si sottovaluta; si tratta comunque di due disturbatori.

Il giusto e l'ego.

    ℆ *« Ego » definizione : soggetto pensante, l'« io ».*

Per una migliore comprensione, vorrei sottolineare che l'ego è un attore attivo in ciascuno dei « *Sé* » di cui abbiamo parlato : il « *non Sé cosciente* », il « *Sé latente* » e « *la risonanza del Sé incarnato cosciente* ». Tuttavia, se lasciamo ragionare l'ego nel « *non Sé cosciente* » capiremo che il ruolo che andrà a svolgere sarà quello della mente inferiore. Di conseguenza, nell'approccio al giusto dobbiamo stare attenti a non commettere l'errore di ricevere aiuto o risposta dall'ego mal posizionato. Sulla base della stessa analogia è sorprendente, ma possibile, vedersi dare una risposta o intraprendere una discussione con lo scopo di giustificare le nostre parole, le nostre

azioni passate o future; è possibile anche vedersi dare un consiglio
che in realtà si rivolge più a noi stessi che all'altra persona. Quindi
non abbiamo capito che spesso gli altri non sono che uno specchio
di noi stessi e dunque colui il quale vogliamo aiutare e consigliare
in realtà forse siamo proprio noi, non l'altro; lo stesso vale per le
considerazioni o per i rimproveri che sappiamo fare. Il rimprovero
è una formula utilizzata spesso e possiamo associarlo alla nozione
di aiuto espressa nella sua distorsione, oppure al fatto che ci troviamo in una situazione tale da farci sfociare nel rimprovero. Si tratta
ancora una volta dell'« *immagine del Sé* » e del « *rispetto del Sé* »
(Capitolo 9).

*« Comprendiamo che il giusto non deve essere mascherato,
perché in questo caso sarebbe controproducente, non è ancora in
grado di definire chiaramente cosa sia il rispetto del Sé. »*

Il giusto e i comportamenti.

Per mettere in luce un'altra regione di noi stessi, anche se non si
tratta della più apprezzabile, possiamo guardare i comportamenti e
le emozioni più basse, come la rabbia, l'odio, la cattiveria, il narcisi-
smo, la manipolazione, l'egoismo... Senza contare che possono anche
nascondersi dietro a una buona azione.

Le emozioni basse sono fonte di divisioni e generano ogni tipo di
dualismo. Sono una risposta a una situazione e allo stesso tempo un
modo di esprimersi. Ma sentiamo che nascondono un conflitto interiore, perché i comportamenti appartengono a chi li mette in atto.
È chiaro che una situazione particolare può scatenare tali comportamenti e noi cerchiamo istintivamente di prendere le distanze dal
problema, ma le emozioni restano comunque di chi le manifesta,
perché provengono da noi. Talvolta sono una risposta a un « *attac-
co* », ma ciò non le giustifica in nessun caso. Nascondono qualcosa
che è in noi, se non addirittura nascosto da noi stessi. Ciò non significa che dobbiamo rimanere stoici in ogni situazione, perché esiste
questa nozione di rispetto di Sé, che è importante, ma richiede un
movimento, un'arte che non ha nulla a che fare con le emozioni

basse. Dobbiamo far sentire la nostra voce o comunicare all'altro le ragioni per cui sia necessario trovare una soluzione, ma deve trattarsi di una comunicazione ponderata, che consenta di esprimere le nostre sensazioni in tempo. Di fronte alle persone che dipendono dalle loro emozioni più basse, è difficile resistere e non ricadere nel dualismo. Ma ricadere nel dualismo, ossia rispondere con la stessa « *vibrazione* », ci mostra che siamo portatori dello stesso gene, della stessa malattia. Ciò significa che stiamo nascondendo questa verità a noi stessi. Se prendiamo come esempio la rabbia, possiamo dire « *sono collerico di natura* » e questo implica che non ci sarà alcun cambiamento. Possiamo anche affermare « *sono collerico, ma la prossima volta non lo sarò* », ma neanche questo implica che ci sarà un cambiamento, perché « *la prossima volta* » è nel futuro e la vita è il presente. Allora posso decidere, posso decidere che non sono collerico, il che sarebbe un cambiamento di stato nel presente e il presente esiste sempre. Ovviamente la rabbia deve essere compresa, altrimenti prima o poi imploderà. Dobbiamo comprendere le sue ragioni, le sue radici, i danni interiori ed esteriori che provoca e così via, fino a quando tutto ciò diventerà così evidente che, nella situazione, l'azione si verificherà da sola senza che la rabbia prenda il sopravvento. Questa azione può essere silenzio o movimento, poco importa, ciò che conta per noi è utilizzare una nuova forma di comunicazione.

« Comprendiamo che il giusto non può essere una risposta facile che consiste nel rispondere a una vibrazione bassa con un›altra vibrazione bassa. »

In alternativa alla rabbia, un'intelligenza deve far fronte a queste situazioni difficili e dobbiamo fidarci della nostra intuizione, che è piena di risorse ! L'ego che ragiona nel « *non Sé cosciente* » ci dirà il contrario, ma di questo ne abbiamo già parlato, quindi l'ego dovrà cambiare piano. Deve guardare verso la mente superiore, imparare che la pazienza e la perseveranza possono fargli ritrovare un equilibrio, perché anche il tempo fa la sua parte.

Aiutare è una cosa naturale, ma possiamo fare una distinzione utile dicendo che « *Aiutare* » è diverso dal cercare di aiutare o dall'aiutare non vedendo quanto l'azione possa essere controproducente. Ci sono situazioni che ci si presentano e che sono propizie a dare una mano, ad aiutare, a collaborare o a condividere, ma bisogna sempre mantenere un certo discernimento. C'è anche l'aiutare in cui niente ci spinge a farlo, ma siamo incoraggiati dal Sé o da vari condizionamenti. Tutti noi vogliamo fare qualcosa che si inscriva in questo atto di condivisione umana, ma dobbiamo anche considerare che cercare di aiutare potrebbe, subdolamente, essere invasivo e anti-evolutivo per l'altro o addirittura distruttivo per noi. Quindi, siamo consapevoli della parola « *limite* » ? Abbiamo la lucidità del Sé o seguiamo « *l'immagine del Sé* » ? Queste domande sono prioritarie e verranno sviluppate nel capitolo successivo. In seguito, come sappiamo, ci sono così tante cose che si possono fare per aiutare, che portare degli esempi significherebbe essere riduttivi e, come abbiamo detto, sono le situazioni e il nostro buon senso a far sì che la cosa sia opportuna o meno. Talvolta « *non fare nulla* » e « *non dare alcun consiglio* » sono il migliore degli aiuti. Quando capiamo i limiti degli aiuti, capiamo anche che fare qualcosa per l'altro significa farlo al suo posto, parlare al suo posto e impedirgli di muoversi nel proprio ambiente. Possediamo la nozione di essere, essere ciò che per noi rappresenta un valore attraverso le nostre azioni e i nostri comportamenti. A lungo andare possiamo conoscerci meglio, perché siamo e, non serve neanche dirlo, incarniamo il valore del nostro essere e un po' alla volta ne impariamo anche i limiti. Quindi, « *essere* » nella quotidianità significa essere in pace con Se stessi, essere il proprio silenzioso esempio e tutto ciò si esprime nel Sé come una « *vibrazione* » dolce, calda, premurosa, un valore, non come una manifestazione dell'ego. Dobbiamo essere in grado di ascoltarla, perché prestare la massima attenzione è un atto sano, che si verifica tramite l'osservazione. Questa sensibilità ci apre alla comprensione di qualcosa di importante. Naturalmente, spostare le linee in modo intelligente, dare una scossa, usare l'umorismo, spiegare in modo chiaro un aspetto tecnico controllato grazie al progresso nel settore possono rivelarsi un supporto utile per l'altro o per gli altri. Ma siamo alla ricerca di un'evoluzione in ciò che chiamiamo cammino del giusto e l'umiltà sembra essere il perfetto alleato interiore.

« *Comprendiamo che il giusto non può essere una risposta categorica... In realtà è sottile* ».

Il giusto e gli altri regni.

Abbiamo considerato insieme questo aspetto nel contesto dei nostri simili, famiglia, amici, colleghi di lavoro, parenti di sangue o acquisiti, ma possiamo prendere in considerazione gli altri regni : minerale, vegetale e animale. Forse possiamo chiederci : qual è il ruolo del giusto in questo contesto ? È vero che alcuni aspetti di ciò che ci circonda possono rivestire un'importanza minore, possono essere una « *non priorità* ». Ma la sensibilità non deve essere relegata all'ultimo posto, deve essere ascoltata, presa in considerazione in un accordo interiore. Abbiamo osservato che, almeno a livello quantistico, siamo tutti composti dalle stesse particelle. Che l'epigenetica la dice lunga sul nostro ambiente. Che l'evoluzione della coscienza, al di là delle frontiere, si inscrive in qualcosa di grande. Che questo ci mostra una realtà che ci sfugge e che forse e soprattutto sfugge a un'abitudine del cervello che sembra filtrare ogni cosa, per farci vivere su un concetto riduttivo l'esperienza del fisico e della materia. Abbiamo capito che l'universo vuole che impariamo, non ciò che è stato scritto o ciò che dice l'altro, ma ciò che abbiamo in « *noi* », vuole che ci guardiamo, che ci osserviamo. Allora, sappiamo che i minerali ci compongono, perché fanno parte della struttura del nostro corpo, il calcio, il fosforo, il potassio, il sodio, il cloro, lo zolfo, il rame, il magnesio, il manganese, il ferro, lo iodio, il fluoro, lo zinco, il cobalto e il selenio sono solo i principali. Sappiamo che alle piante piace la musica classica, che gli animali sono pieni di empatia. Comprendiamo che amiamo le nostre cellule grazie all'osservazione del Sé e del pensiero e grazie anche alla comprensione della natura delle cose. Ciò dipende dall'armonia e dagli equilibri che ci sono propri. Per tutti questi motivi, sembra giusto esplorare in noi stessi la sensibilità e armonizzare con essa il nostro sguardo.

La sensibilità non implica l'essere « *tonti* », non è neanche una tara che diminuisce una presunta virilità o una dimostrazione esteriore, perché non è né il movimento del pensiero né l'immagine che ci si vorrebbe dare. Ne siamo tutti dotati, certo in modo diverso, ma ciò non esclude in alcun caso il fatto che sia importante riconoscerla in noi.

« Nessun fenomeno elementare è un fenomeno prima che sia osservato. » J. A. WHEELER

« In caso di misurazione della posizione di un elettrone, quest'ultimo è obbligato a prendere una decisione. Lo obblighiamo a prendere una posizione ben definita; prima non era né qui né lì; non aveva ancora preso una decisione in merito alla sua posizione... Se in un altro esperimento viene misurata la velocità dell'elettrone, ciò significa : l'elettrone è obbligato a decidersi a prendere un valore definito della sua velocità. » P. JORDAN

È meraviglioso vedere cosa fa fare l'osservazione alla parte più piccola che ci è permesso vedere e che è, per di più, l'anello della nostra struttura ! La scienza mostra che tutto, a un certo livello, è dotato di una forma di interazione. Parliamo di Big Bang come prima scintilla, parliamo di particelle correlate. Da dove proviene il nostro corpo ? Con quali materiali si è composto ? Quando abbiamo avuto coscienza del Sé ? Sulla terra, l'uomo pensa di essere l'unico ad avere coscienza del Sé. Forse non ho risposta, ma mi sembra che la coscienza sia anche osservazione e che la sensibilità le sia collegata.

« Comprendiamo che il giusto non può ignorare che la vita vada guardata nella sua interezza. Il giusto non si rivela in un comportamento incoerente di fronte alla natura. »

Ogni cosa merita rispetto, considerazione e un atto coerente nei confronti di ciò di cui si ha coscienza... È il pensiero che gioca a nascondino. Esprimere ciò che proviamo attraverso l'azione non è una lezione per gli altri, ma per sé. Questo è un cammino.

In sintesi : abbiamo troppa o troppo poca fiducia in noi stessi, vogliamo essere giusti, vogliamo essere amati, aiutare gli altri, giocarci bene le nostre carte e così via... Ma ancora una volta ci basiamo sulle nostre conoscenze, sulle nostre convinzioni, sulle nostre tradizioni educative e reagiamo rapidamente ai nostri sentimenti e desideri. Per essere premurosi con se stessi e con gli altri bisogna essere liberi, facendo cadere la maschera. Noi desideriamo la pace nel mondo, ma facciamo fatica a gestire la nostra collera, perché le « vibrazioni » basse sembrano essere una malattia presente nella maggior parte di noi. Vogliamo aiutare, allora facciamo sì che il discernimento, di Sé e degli altri, sia una nostra priorità. Per essere giusti è necessaria non solo l'osservazione delle nostre auto-reazioni, ma anche la comprensione della loro natura, dobbiamo inoltre prestare ascolto al nostro corpo, alle nostre cellule e alla Vita. L'azione silenziosa e l'azione immediata, non manipolata né internamente né esternamente, sono uno stato d'essere che richiede un cambiamento profondo. Se la coscienza rappresenta ogni vita sulla terra e altrove, essere coerenti nei nostri modi di vivere significa anche essere giusti con noi stessi. Si tratta di una « non divisione interiore » o in altre parole di avere uno spazio interiore in cui non vogliamo più imbrogliare o mentire a noi stessi ! Quindi nel concetto di « essere giusti » risiede anche la domanda « possiamo cambiare noi stessi ? ». Dobbiamo guardare con occhi diversi ciò che siamo e la vita che ci circonda ? Penso che dovremmo riflettere su tutto ciò, perché chi vuole vedere con chiarezza ha già tutte le chiavi in mano...

L'immagine del Sé.

« *L'immagine del Sé* » non è la comprensione del Sé. È una costruzione di nostra creazione, in parte basata su un modello e non su una comprensione. Determina e guida il nostro atteggiamento, che viene poi visto dagli altri. Non comprendendo **« *l'immagine del Sé* »**, il come e il perché l'abbiamo costruita, non riusciamo nemmeno a capire le diverse distorsioni che abbiamo potuto creare in noi. Fa parte di quei pilastri che permettono di costruire un mondo intorno a noi. Essa consente, nella nostra sfera, che le relazioni e i comportamenti definiscano il proprio ruolo senza che questa evidenza ci salti agli occhi, senza che ci rendiamo conto della sua parte vera e della sua parte falsa. Facciamo un esempio : per educazione o temperamento sono o voglio essere un individuo che condivide e aiuta, mi piace essere riconosciuto in quanto tale e tutti condividono questa immagine che do di me. Gran parte di quello che sta succedendo è una conseguenza dell'« *immagine del Sé* » e di ciò che emana. C'è un aspetto che deve essere compreso, perché questo stato delle cose ci trascina in un'avventura che va al di là del nostro controllo e questo risulta ancor più evidente quando la parte di verità nell'« *immagine del Sé* » è in minoranza. Dobbiamo quindi osservare la nostra dipendenza dal condizionamento inevitabile, che occupa uno spazio in noi, per comprenderne l'impatto sull'« *immagine del Sé* ». Quando non osserviamo il fenomeno con lucidità raggiungiamo i limiti di qualcosa e siamo di conseguenza invasi dal nervosismo, abbiamo la tendenza a « *fare lo scaricabarile* », riversando sugli altri il rifiuto che nasce da una saturazione interiore o da un'incomprensione di fronte alla situazione. Tale saturazione agisce sul nostro pensiero e sui nostri sentimenti, così da farci ricadere nell'introspezione (cfr. Capitolo 11), nell'atto di rimuginare, di criticare o di esprimere la nostra frustrazione. Gli altri non possono capire, perché in questo senso sono solo l'eco inconscio di questo strano e particolare scambio di cui siamo l'autore, il seme. Dobbiamo aggiungere che il fenomeno ci riguarda tutti in un modo o nell'altro e che l'« *io* » non è il solo a essere coinvolto. Dirigersi verso il vero avendo di fronte se stessi o la lucidità, almeno in un primo tempo, è una sfida salvifica che si esprime attraverso il rispetto del Sé. Il rispetto del Sé può esistere solo sulla via della comprensione di questo Sé e tale processo fa evolvere la nostra autenticità. Quest'ultimo rivela alla nostra coscienza aspetti finora sconosciuti, dai quali la bellezza sarà in grado di manifestarsi e sprigionarsi. Forse l'immagine del Sé sarà molto simile a quella di prima, ma non sarà più trasportata dagli stessi « *slanci* ». Tendiamo a fare le cose in modo che vengano viste e in questo caso siamo molto lontani dall'aspetto autentico, perché tutto ciò avviene nell'interiorità. Non c'è alcuna dimostrazione e, d'altra parte, questi progressi personali non interessano quasi mai a nessun'altro.

Capitolo 8

Che cos'è un obiettivo ? Da dove viene ? È possibile vivere senza ? L'obiettivo non è un bisogno o una necessità come mangiare, dormire o avere un tetto sulla testa. Non è neppure un tratto del carattere che da solo causa la fame di agire. Esistono vari tipi di obiettivi, dal più piccolo al più grande. Se sono povero ho lo scopo di diventare ricco e se sono ricco invece ho lo scopo di privarmi della mia ricchezza per provare la povertà. L'obiettivo di diventare famosi, di essere un dirigente d'azienda, di essere felici, di avere figli che faranno degli studi universitari e di poterli pagare. Obiettivi per me e obiettivi per gli altri. Da giovani abbiamo degli obiettivi per realizzarci, abbiamo delle ambizioni o addirittura degli ideali... Ma qual è, o meglio quali sono le origini di questo scopo ? È forse perché ci siamo guardati intorno e vogliamo avere quello che hanno gli altri ? È perché la società ci educa in questo senso ? È perché i nostri genitori ci hanno condizionato per diventare così o colà ? Per essere conformi a una norma ? Quali sono il ruolo e l'impatto della società sui nostri obiettivi ?

Fin dall'infanzia costruiamo un'immagine del Sé e a partire da questa immagine fissiamo l'obiettivo da raggiungere. Ogni scopo ha sempre un'origine e una ragione, poco importa se buone o cattive per sé o per un altro. L'importante per se stessi è capire cosa sia, poiché quando conosciamo il vero perché, facciamo un'esperienza in coscienza. Possiamo decidere se perseguire o meno un obiettivo e questo non è discutibile, ma dobbiamo farlo avendo coscienza di tutto ciò.

Che cos'è « *lo slancio* » ? « *Lo slancio* » segue una direzione. La direzione potrebbe sottintendere che abbiamo una destinazione, quindi un obiettivo, ma possiamo escludere questa relazione con l'obiettivo, ossia limitarci a seguire una direzione ? Non si tratta di un aspetto tecnico come un viaggio, se andiamo a Parigi, non può essere altro che Parigi. Parliamo della direzione come se fosse il cammino che permette di avanzare, non verso una destinazione o un obiettivo, bensì verso un approccio che integra nel suo percorso le parole ascolto, apertura, osservazione, responsabilità. La direzione si inscrive in un approccio, approccio che nasce da uno stato cosciente e lucido. L'origine della direzione non è più una volontà o un obiettivo, ma « *uno slancio* ». « *Lo slancio* » in questo caso è la rappresentazione della nascita che crea il movimento, l'azione. È animato da un'origine intrinseca, personale e singolare, o da una scoperta del Sé nel corso della Vita. Si sposa perfettamente con la direzione, ma non comporta assolutamente una destinazione fissata precedentemente, come invece succede con l'obiettivo. Può convivere con qualche scopo, perché no, ma non ne dipende mai, perché, al contrario dell'obiettivo, lo slancio non è condizionato dalle sue origini, che implicano l'obbligo di successo, strettamente collegato al proposito fissato nel futuro.

« *Lo slancio* » ha l'eleganza di unirsi alla passione o alla relazione umana, mentre l'obiettivo ha questa intransigenza di accordo con se stesso, non comporta la certezza, bensì il rischio di perdersi. Benché sia in grado di incrementarsi e di accenderci a sua volta, lo slancio non richiede una scala di grandezza per esistere e per dispiegarsi ! Ci sono anche altri casi, ma si integrano maggiormente alla responsabilità anche se sono portatori della direzione e dello slancio, perché ci inducono a prendere una direzione. Ciò accade spesso quando nasce un contesto in cui ci mettiamo in movimento per rispondere a ciò che è necessario in quel momento, perché fare altrimenti non sarebbe autentico. Non posso permettere che ciò accada o devo agire in tal modo, perché comprendo il contesto e la mia responsabilità. Possiamo dunque parlare di azione senza scelta.

Come abbiamo visto, nelle nostre relazioni con gli altri alcune situazioni hanno la spiacevole tendenza ad agitare le nostre cellule, a irritare qualcosa dentro di noi, tutto questo si potrebbe riassumere in « *mi dà ai nervi* ». In tal caso, uno schema discendente si installa facilmente e ci fa rientrare nel già menzionato dualismo : o raggiungiamo il punto di rottura o entriamo in uno stato di silenzio per evitarla. Nel primo caso si arriva a conflitti umani interminabili. Nel secondo caso si riesce a evitare il conflitto immediato, ma non i conflitti umani interminabili, perché l'ego di chi ha compiuto lo sforzo di lasciar perdere si sentirà frustrato o sottomesso. Se ci pensate bene, nessuna delle due alternative è quella giusta ! Anche se la seconda appare più tranquilla, almeno in superficie, c'è comunque qualcosa di inaccettabile, come una briglia interiore che ci allontana dalla verità. Che fare allora ? Voler avere ragione o non digerire di aver lasciato pensare all'altro di avere « *ragione* », di aver « *vinto* », non ci aiuta. È quindi importante fare una prima distinzione. Si tratta di vedere la differenza, le sfaccettature nascoste tra l'introspezione e la lucidità, perché quest'ultima può percepire ciò che siamo, ciò di cui siamo portatori e che si nasconde nel profondo di noi stessi.

L'introspezione.

L'introspezione è un'attività mentale, ha la stessa natura di un'analisi, che però in questo caso viene effettuata su noi stessi. Questo ci porta come minimo alla frustrazione, se non anche alla distruzione, perché l'introspezione mostra il contenuto delle sensazioni e del dolore che viene veicolato in merito alla situazione. Può autoalimentarsi attraverso il pensiero che tende a basarsi sulla sua memoria, la sua volontà e i suoi obiettivi, le sue convinzioni o i suoi valori. Questa è la percezione sensoriale. In seguito, tali meccanismi fanno molto spesso appello a emozioni come il rancore o anche ad altri semi avvelenati, che danno solo frutti marci. C'è anche una tendenza alla ridondanza, come un'ossessione che continua a tornare, imperterrita, a bussare alla porta affinché le sia aperta. L'introspezione si trasforma molto rapidamente in auto-sabotaggio. Non dev'essere quindi a sua volta guardata, bensì osservata per essere capita e le nostre situazioni dolorose sono le fondamenta di questa comprensione.

La lucidità.

Cosa si intende per lucidità ? La lucidità apre la porta delle verità. Non è un'analisi mentale di deduzione alla ricerca del perché. Ha osservato l'introspezione e i suoi pericoli. Vede tutti i danni creatisi in noi per aver osservato i fenomeni interiori. Quindi sta a guardare la scena, un po' come si guarda l'acqua di un fiume che scorre. Vediamo scorrere l'acqua, ma non facciamo alcuna deduzione, siamo passivi, eppure vediamo scorrere l'acqua e tutto ciò che trascina con sé. A cosa serve poi cercare il perché, andiamo a vedere ! Dobbiamo disgregare ragioni, cause, rabbia e tutto il resto. Non abbiamo il controllo di ciò che viene trascinato dall'acqua che scorre e neanche delle situazioni della nostra vita, di quella degli altri, della rabbia interiore, di quella altrui e così via, tutto questo scorre davanti ai nostri occhi. Ma piuttosto di buttarci in acqua facendo « *pluf* », possiamo guardarlo interiormente ed esteriormente. Essere lucidi significa vedere cosa succede senza essere bagnati e senza alcuna manipolazione mentale. A questo punto le radici dentro di noi diventano visibili e constatiamo con lucidità il loro posto e la loro natura profonda. Allora l'emozione, con tutte le sue ragioni e le sue cause, « *si stacca* », la vediamo semplicemente scorrere dentro di noi. Vediamo dunque che lo spazio occupato dalla rabbia e dall'introspezione fa posto a una certa sensibilità e questa sensibilità cambia gradualmente il nostro comportamento. Possiamo quindi parlare e agire liberamente, senza integrare tutto questo fardello.

> *« Siamo lucidi e vediamo il pericolo*
> *di rispondere a ciò che ci disturba,*
> *utilizzando uno strumento d'azione o di difesa auto-reattiva,*
> *che si rivela distruzione interiore ed esteriore. »*

Prendiamo come esempio il caso della rabbia : non è l'altro a essere responsabile della nostra rabbia. No, l'altro l'ha solamente risvegliata ed è allora che la nostra rabbia gli risponde. Se accettiamo di guardare in faccia le conseguenze psicologiche dell'umanità create dai nostri conflitti, comprenderemo la nostra irresponsabilità di fronte a questo tiranno che vive in noi. Non ha mai risolto nulla, non sa creare altro che nuovi aspetti dei nostri dolori, come la colpa, la vendetta, la tristezza, la sottomissione attraverso la forza, la paura e tutte le lacerazioni che portano alla sofferenza.

« *La rabbia, espressa o repressa che sia,
è l'energia negativa che scorre nel conflitto.
Il conflitto è poi alimentato dall'introspezione.
Gli effetti dell'introspezione si dissolvono nella lucidità.
La lucidità consente di liberarsi gradualmente da questo ciclo.* »

Parlare delle nostre sensazioni con l'altro è un ottimo strumento quando siamo sinceri con noi stessi. Le energie negative sono presenti in ognuno di noi, cercare di eliminarle o di respingerle riporta alla divisione interiore e alla lotta, ossia al conflitto stesso. Vediamo che la lucidità in questo caso ci permette di osservare tutto ciò. Guardando il fiume che scorre fuori e dentro di noi, le emozioni ci attraversano, ma vediamo più chiaramente come affrontare questo distacco, percepiamo questa sensibilità e sappiamo che la rabbia non è la soluzione. Allora succede qualcosa di incredibile. Tale osservazione e tale lucidità vedono la rabbia appassire così come l'emozione che l'accompagna, un po' come una nuvola che non faceva altro che passare. Questi nostri stati d'animo, rabbia o qualsiasi altro, si misurano ovviamente su una scala più o meno grande, a seconda della situazione. All'inizio non ne siamo pienamente consapevoli, ma sono caratterizzati da un altissimo impiego di energia. Constatare da sé tutta l'energia divorante che ciò rappresenta, ci fa aprire gli occhi su tutta quella che viene liberata a partire da questa presa di coscienza.

« *Quest'energia a disposizione è preziosa,
possiamo dispiegarla, preziosamente.* »

Senza andare a cercare i grandi conflitti o le molteplici violenze che ci vengono mostrate al notiziario, possiamo sviluppare la nostra lucidità giorno dopo giorno. La semplice differenza tra un'idea e l'altra, un modo di pensare diverso rispetto a un altro, qualcosa che non è al suo posto, una riflessione, fanno aumentare la pressione e generano « *gentili* » liti QUOTIDIANE. Questi piccoli dettagli, come cambiare tono o alzare la voce, affondano le loro radici esattamente dove lo fanno anche le grandi discussioni. Stiamo parlando della stessa cosa. Lo so e lo capisco, poiché vivo le mille ragioni che mi fanno trovare i miei stessi limiti e a volte mi interrogo sul da farsi, perché non ne ho idea. È vero... Ma c'è questa energia in più e inoltre questo cammino rafforza in modo interessante la nostra responsabilità di essere umano « *Vivo* », a contatto con altri che non sono diversi da noi. Quindi « *non diversi* » significa che sì uno sa fare meglio questo o quello, ma per quanto riguarda il campo della lucidità e di tale capacità in ognuno di noi, sembriamo tutti potervi accedere una volta posata la prima pietra.

Inoltre, dal punto di vista pratico, il nostro campo di gioco è immenso ! Quindi, poiché aver ragione o torto non « *positivizza* » la nostra energia, bensì la inquina e la indebolisce, qui non è questione di scegliere. Agire in questo senso è solo chiarezza. Le difficoltà possono essere affrontate solo con buona volontà e discernimento per produrre « *luminosità* ». « *La luminosità* » permea l'atmosfera e affronteremo questa meravigliosa realtà nel Capitolo 11, nella sezione « *I legami con i luoghi, gli oggetti* ». Facendo riferimento alle immagini a pagina 46 e 47, possiamo osservare che, da un certo punto di vista, la nostra lucidità deve perseverare in merito ai nostri desideri e ai nostri obiettivi, per capire se siano una delle fonti del conflitto o meno. D'altro canto, dobbiamo imparare a rivolgerci positivamente all'altro per comprendere meglio queste esigenze e affrontare le situazioni con una comunicazione responsabile. È importante notare che non conosciamo l'esistenza interiore dell'altro, così come il suo vissuto, crediamo che, pensiamo che, ma non siamo l'altro, non viviamo la vita dell'altro. Quindi è facile vedere ciò che non è adatto a noi, perché è un nostro problema personale, ed è facile anche non porre la giusta attenzione alle nostre riflessioni e al nostro comportamento. Fare un passo indietro è anche, e talvolta, una necessità per rispettare la benevolenza nei propri confronti.

> *« La pazienza, l'arte di comunicare in lucidità,*
> *la nozione del giusto, la fiducia in se stessi e l'etica*
> *non sono concetti, sono percezioni che nascono in noi,*
> *nessuno a parte noi può avervi accesso»*

Abbiamo il diritto di essere scoraggiati, di inciampare, di dubitare. Credo che non possa essere altrimenti. Questo è il cammino perché le cose si evolvano, e invita la nostra umiltà a partecipare in ogni contesto. Ma in questa vita, in cui ci è permesso sperimentare, spetta a noi vedere che questa vita appunto assomiglia a quella dei fiori, che si aprono e sbocciano in una miriade di colori e di profumi, solo grazie alla luce del sole. Mentre la luce che ci illumina è quella del sole, quella che ci guida si trova ovunque. Basta osservare il tutto, per imparare a Essere. Inciampare più volte perché si dubita e non si conosce ancora veramente è una forma di apprendimento. Prendere una decisione quando ne si conoscono il valore « *basso* » e i pericoli è un auto-sabotaggio. La nostra mente non può più imbrogliarci e mentire a se stessa diventa complicato. Stiamo andando sempre di più verso il rispetto del Sé, l'atto di rispettarsi non ha nulla in comune con il rispetto « *dell'immagine del Sé* », la parte esteriore o ideologica che ci si vuole dare.

« Il rispetto si evolve nell'atto di conoscersi ».

In sintesi : Viviamo per obiettivi e traguardi, ma è possibile che si delinei in noi un'idea nel capire che le nostre azioni in questo senso non sono sotto controllo consapevole, ma spesso rappresentano un prolungamento dell'attività mentale legata ai condizionamenti ? Subiamo tutto ciò, quindi per avere un certo controllo dobbiamo capire cosa siano effettivamente slancio e direzione. Lo slancio è la nascita di un movimento non condizionato. Un aspetto visto dalla coscienza, che sarà poi guidata dal libero arbitrio lucido. Questa lucidità che sa osservare l'acqua di una piscinetta senza entrare a fare il bagno o un conflitto senza farci sentire però feriti o aggrediti. Evitando così di accollarci numerosi fardelli e accompagnati da questa intelligenza libera dai cicli mentali, possiamo seguire la direzione dello slancio iniziale. Una quantità pari a questo alleggerimento fornisce una nuova energia, che si dispiegherà in seguito in modo prezioso. Solo l'« Io » può, con pazienza, fiducia in Se stesso e lucidità, accedere a questa percezione, imparare a rispettarsi, perché il rispetto si evolve nell'atto di conoscersi.

Capitolo 9

*« Ecco uno spazio segreto, nel quale
si può sentire calore quando vi si concentra il proprio respiro,
è sufficiente osservare la zona del nostro cuore,
respirarvi dentro e semplicemente sentire ».*

Sapete che il cuore invia più informazioni al cervello di quante ne riceva ? Sapete che il campo elettromagnetico del cuore è 5000 volte più intenso di quello del cervello ? Sapete che il cuore cambia sensibilmente la sua frequenza quando vede alcune informazioni prima che si verifichino ? Ebbene sì, il cuore sembra vedere prima dei nostri occhi, dei nostri sensi... Sapete che invia delle informazioni biochimiche al nostro corpo come l'omeostasi, un inibitore dello stress, o l'ossitocina, l'ormone dell'amore ? Sapete che lo stress, la paura o la frustrazione rendono il cuore instabile ? Tutto questo ci paralizza, ci impedisce di pensare correttamente. E sapete che la meditazione, lo sviluppo del Sé, gli scambi giusti, i pensieri etici e costruttivi gli danno stabilità ? E quando il cuore è stabile, il ragionamento è più limpido.

Ma noi, personalmente, cosa sappiamo di lui ? Sappiamo prima di tutto che è l'organo vitale che fa circolare il sangue e accelerare il polso. Che ci sono mille espressioni legate a esso, come *« avere un cuore d'oro »*, *« avere il cuore spezzato »*, *« dare ascolto al proprio cuore »*, *« andare contro al proprio cuore »*, *« avere un peso sul cuore »*, *« imparare con il cuore »*, *« prendere le cose troppo a cuore »*, *« non è per i deboli di cuore »*, *« avere il cuore in mano »*, *« la diffidenza è sempre l'ultima cosa che un cuore generoso impara »* ... Sia dal punto di vista letterario sia da quello intuitivo, percepiamo tutto questo in un senso più o meno superficiale. Nella maggior parte dei casi attribuiamo al cuore la sua importanza in merito alle nostre sensazioni e la nostra mente fissa i limiti da imporgli, a torto o a ragione. In questo prolungamento del pensiero gli attribuiamo delle virtù, che a seconda dell'espressione possono essere qualità o difetti, come in questo caso : « *ha un buon cuore* » o « *ha un cuore di pietra* ». Infine, conosciamo molte cose che provengono dalla nostra cultura, ma per noi stessi possiamo approfondire la questione legata a questo organo che rappresenta la chiave di volta della nostra esistenza ?

La scienza ci ha dimostrato che il cuore vede prima degli occhi, ma allora, in questo caso il pensiero non sarebbe forse uno strumento di seconda mano ? O addirittura un piantagrane, nel senso che difficilmente saprebbe interpretare le cose in modo neutro ? Ciò lo abbiamo analizzato nei precedenti capitoli, la sua ragion d'essere è la sua memoria, la sua esperienza, ciò che ha appreso e dunque una tale situazione può rappresentare una divisione, un conflitto interiore rispetto alla percezione non pensata, quella del cuore. Possiamo constatare che il pensiero non interviene, per esempio, in tutti quei casi che riportano fatti del tipo : « *se questa persona avesse preso questa strada come al solito, probabilmente sarebbe morta in una catastrofe* », o « *se non avessi fatto dietrofront non avrei potuto prestare soccorso o incontrare Tizio o Caio* » e così via... La nostra tendenza è sempre quella di parlare di coincidenze, ma possiamo anche lasciare aperta la questione e osservare meglio, perché quando proviamo che il pensiero non guida alcuni di questi fatti, accettiamo che esista un dialogo interiore fino ad allora invisibile (vedi l'esempio in cui la persona sarebbe morta nella catastrofe). La si può chiamare intuizione o percezione del cuore o anche in altro modo, ma possiamo prestare molta più attenzione e interesse a questo nostro aspetto che caratterizza tutti noi. Non intendo rispondere a queste domande, perché appartengono a un ambito specifico della nostra singolarità, ma vorrei evidenziarne l'importanza e proporre di sfruttarle per effettuare una meditazione costante nei nostri movimenti, nelle nostre azioni immediate con o senza scelta, nonché nei nostri comportamenti nelle relazioni con gli altri. E questo perché i legami che transitano da cuore a cuore sono spesso disturbati da una trasformazione o da una distorsione mentale.

C'è un'espressione particolare, « *fare lo struzzo* », che implica il mettere la testa sotto la sabbia, come se non si volesse vedere nulla. Ma si tratta di un pregiudizio, perché lo struzzo mette la testa sotto la sabbia per rimuovere i vermi dal nido dove si trovano le sue uova. Per parlare del cuore ne abbiamo fatto l'organo dell'amore visto dal pensiero, e più nello specifico amore nel senso di coppia o di un presunto comportamento che mostra la nostra capacità di amare. Al di là della tenerezza che si prova, diciamo anche « *fare l'amore* » per descrivere la sessualità. La sessualità permette di avere figli, ma al di là della riproduzione, la pratichiamo essenzialmente per soddisfare il nostro attaccamento al piacere che essa ci procura. Questa energia molto potente è collegata ai nostri ormoni e può, di conseguenza, rivelarsi distruttiva a seconda delle credenze, della cultura e soprattutto di quello che ne facciamo. Eppure esiste una sessualità Sacra . Quindi, questo significato di amare, che spesso utilizziamo per abitudine, non sarebbe forse più simile al concetto di attaccamento, di paura della solitudine, di piacere e così via piuttosto che a quello di Amore ? L'Amore non è forse tutt'altro rispetto all'attaccamento, al piacere, alla gelosia e poi alla riconciliazione, alla volontà che l'altro sia d'accordo con noi e ci appartenga ? Vivere in coppia per tutta la vita o parte della vita è una cosa molto bella, è un atto di condivisione capace di armonia e di affetto, di rispetto, di pazienza, di conoscenza reciproca e non è oggetto di discussione. No, la meditazione riguarda la distorsione culturale che facciamo nel nostro rapporto con il Cuore, l'Amore, le azioni, il giudizio, il peso della norma e via dicendo. Le parole hanno un significato e un peso, ma quando combiniamo il tutto, la confusione aumenta e ci allontana dalla vera comprensione. Il cuore è unico e ci appartiene, così come le nostre azioni. Alcuni trapianti di cuore ci insegnano che il ricevente può sentire le « *vibrazioni* » del donatore e alcune storie reali sull'argomento sono molto commoventi. D'altro canto, oggi esistono programmi informatici che consentono di smistare le assunzioni secondo determinati criteri, in Francia per esempio lo Stato mette a disposizione un software che permette di conoscere le proprie capacità per consentire un riorientamento in caso di perdita del posto di lavoro. Come se non avessimo coscienza di ciò che siamo, incapaci di conoscere le nostre possibilità e di guidarci da soli verso il nostro futuro. Attribuiamo molta fiducia a ciò che il pensiero costruisce, sia nel nostro ragionamento sia negli strumenti creati dall'uomo per vivere la nostra vita. Dobbiamo forse mettere queste azioni nelle mani di un computer che non fa altro che ripetere ciò che i programmatori hanno deciso ? Qual è il ruolo del cuore in tutto questo ? Lui che sembra percepire ciò che viene emanato, nella sua essenza, senza distorsioni. Quando la « *voce del cuore* », e non quella del pensiero (che potrebbe essere più che altro rabbia, condizionamento o il fatto di rimuginare), si fa sentire, dobbiamo prestare la massima attenzione. Dobbiamo osservare l'acqua che scorre e che ci lega a questa voce, o meglio a questo grido d'allarme, perché la distorsione e il pensiero sono certamente le ragioni di questo grido, quello del Cuore, quello del Corpo che ci parla. Il cuore è l'organo della « *Vita* » che ci collega all'« *Amore* » puro, « *incondizionato* ». Questo « *Amore* » possiamo e dobbiamo lasciarlo entrare, perché senza di lui nulla di ciò che ha senso nella vita o in questo libro potrà sbocciare.

« Allora, forse la nostra comprensione e il movimento che ne deriva si avvicineranno ogni giorno un po' di più alla nostra unicità, all'azione che la vita si aspetta da noi, per trasmetterla alle nostre cellule »

In sintesi : il nostro cuore è un organo molto più potente del cervello e le sue funzioni vanno ben oltre l'atto mentale. Inoltre, la parola « Amore » deve essere definita in noi con chiarezza, non deve essere confusa con i piaceri, i desideri o i sentimenti, perché ciò che vede il cuore è rapidamente distorto dal pensiero. Il cuore percepisce, il cuore invia, ma non riflette. Può essere soffocato, sepolto o libero di connettersi all'« Amore » e di esprimerlo.

Capitolo 10

Ciò che si percepisce della materia, come la intendiamo noi, quindi allo stato solido come un tavolo o una sedia, perde tutto il suo significato nell'infinitamente piccolo. A questo livello di osservazione sembra che niente si possa più toccare (cfr. Capitolo 5). A seguito di nuove scoperte sui buchi neri, possiamo intuire che non si tratta in realtà di un vuoto. Si può solo dire che l'invisibile ci sfugge, non è accessibile al nostro ragionamento diretto. Tuttavia la nostra « *attrezzatura* » sa farne una lettura che bisogna imparare. Leggiamo insieme le seguenti citazioni, prima letteralmente, poi con la nostra « *attrezzatura* » completa.

> *« La forza di contenimento dei protoni nel nucleo di un atomo (la cosiddetta forza forte, o interazione forte) è equivalente all'energia della forza gravitazionale di cui due protoni farebbero esperienza se fossero dei mini buchi neri che si attraggono l'uno all'altro ».*

NASSIM HARAMEIN

*« Un buco nero non è completamente nero. È anche invisibile,
percettibile solamente dall'irresistibile attrazione gravitazionale,
che lo spinge a risucchiare tutto ciò che ha a portata di mano. Se
si parla di buco « nero » è semplicemente perché spegne la luce ».*

STEPHEN HAWKING

La teoria di Hawking è stata provata da Jeff Steinhauer su un fenomeno controintuitivo, l'*« evaporazione dei buchi neri »* o *« Ther-
mal Hawking radiation »*.

*« Il Technion ha dimostrato per la prima volta che dell'energia
fuoriesce da questo orizzonte. Dell'energia, e quindi della massa,
viene estratta dal buco nero. Il buco nero ne irradia più o meno
a seconda che la frequenza sia alta o bassa ».*

In altre parole, secondo Nassim Haramein i protoni dell'atomo
sono buchi neri, Stephen Hawking ci fornisce una spiegazione di
come il buco nero risucchi tutto ciò che lo circonda e Jeff Steinhauer dimostra che un buco nero irradia ed emette.

Queste rivelazioni indicano che c'è effettivamente uno scambio di
informazioni verso ciò che ci è invisibile. Che nell'infinitamente
piccolo le particelle che ci compongono, noi e ogni cosa nell'universo, interagiscono in una matrice al di là della nostra mente. Quindi,
per non guardare le cose sotto il solo aspetto scientifico, possiamo
stabilire questa relazione in una contemplazione interiore e possiamo vedere questo legame che abbiamo tra coscienza, cuore, intuizione e una dimensione che pesa per il 99,999 % di vuoto !

Pensiamo erroneamente di essere impotenti di fronte alle sfide
dell'umanità, come una goccia d'acqua nell'oceano. Anche se non
è percettibile dai nostri cinque sensi, che cosa si deve fare, vedere
o capire nel fatto che siamo tutti legati in un modo o nell'altro ?
Magari ci siamo già approcciati a questo, in modo sottile, quindi
abbiamo potuto valutare l'importanza di tutto ciò e del cammino
che attende l'Uomo. O forse questa idea è presente in noi sotto forma di concetto. Perché ci è familiare, per essere stato ascoltato o

letto in molti testi antichi. Quindi lo percepiamo solo nella « *periferia* » di un'idea, che sembra sì coerente, ma resta astratta. Diciamo che non è una cosa grave, poco importa ciò che proviamo o pensiamo. Ma manteniamo questa rotta, questa nozione già sottolineata da Krishnamurti che sostiene che « *il mondo siamo noi e noi siamo il mondo* », perché in tutto ciò qualcosa di molto importante deve essere visto per il bene dell'umanità e deve essere studiato in ognuno di noi per trarne la giusta comprensione.

Il mondo siamo noi e noi siamo il mondo[1].

Cominciamo dal lato oscuro, perché solo la luce ha un effetto su di esso.

Quando osiamo guardare in faccia il mondo che ci circonda vediamo la sua violenza, i suoi conflitti, le sue incoerenze, i suoi desideri, le sue immoralità, i suoi poteri sull'altro, la sofferenza e tutto il resto. Poi possiamo guardarci dentro, osservare i nostri pensieri, in momenti di forte stress, quando ci sentiamo feriti o semplicemente in un giorno qualsiasi, possiamo analizzare le nostre solite reazioni, tutte quelle cose sconvolgenti che ci abitano e quasi quasi ci perseguitano. Terrorismo e guerra non sono concetti diversi da ciò che viviamo nel nostro piccolo. È solo un concetto di livello, intensità o ampiezza, alcuni però vanno oltre, molto di più rispetto ad altri... Sono più immersi nell'illusione, in cui delle terribili esagerazioni creano pensieri ciechi e condizionamenti. È davvero atroce arrivare al punto di essere un terrorista, ma anche questo adulto una volta era un fragile neonato. Con tutto quello che abbiamo osservato in merito al condizionamento, vediamo come l'ambiente agisca su un bambino, come a seconda del suo percorso possa essere « *risucchiato* » in questo vortice e compiere determinate azioni. Certo, la gravità dell'atto cambia il nostro livello di accettazione e chiaramente non possiamo paragonare una disputa di vicinato al crimine di un assassino. Tuttavia si può notare che il movimento avviene su un asse identico; le sue radici e il suo colore hanno la stessa origine e in questo senso non c'è alcuna differenza. Il movimento dei nostri piccoli conflitti, le ragioni delle loro nascite, le

---

1   *Jiddu Krishnamurti*

paure, le convinzioni e i pensieri con i loro desideri e le loro aspettative che li hanno generati, le frustrazioni che ne sono state la conseguenza : è lo stesso movimento dei grandi conflitti del mondo e dei suoi abomini. Questo caos interiore vissuto dall'essere umano, indipendentemente dalla sua classe sociale, dal suo paese, dalla sua religione e da tutto ciò che ci divide, non può pretendere di cambiare il mondo con una nuova legge, perché sarà solo un nuovo caos, che sostituirà il vecchio. Le leggi non possono inquadrare il settore della responsabilità dell'essere umano di fronte alle sfide del Sé come lo stiamo affrontando in questo libro. Quindi, che si tratti di una persona semplice, ricca o molto povera, o di un nuovo presidente con nuove ideologie, voler spazzar via vecchie leggi, che peraltro erano nuove a suo tempo, ma di cui nessuno sarà mai soddisfatto, non ha alcun senso per il dominio del Sé. Le leggi esistono, di certo ne abbiamo bisogno per regolare gli scambi tecnici della vita e dell'Uomo, ma queste sembrano voler gestire tutto negli altri e per gli altri. Guardiamo gli insegnamenti, nonostante tutte le riforme, la buona volontà e la dedizione di uomini e donne, non ci vengono trasmessi nel principio di un'evoluzione interiore dove si può conoscere il Sé. Un'educazione senza condizionamenti, senza questi giochi del bastone e la carota, del primo e dell'ultimo, dell'inferno e del paradiso. Anche i nostri giochi di società ci insegnano la divisione tra vincitore e perdente, il confronto, la corsa verso chi sarà il più forte. Pochissimi divertimenti sviluppano l'idea dell'aiuto reciproco e del successo comune, in cui si impara che senza vincitori anche imbrogliare è assurdo. Tuttavia, non ci verrebbe mai in mente che all'interno del corpo umano potesse essere concepibile la nozione del più forte o quella del vincitore e del perdente. Tra un braccio e un piede, tra milza, fegato o cuore. No, sappiamo che tutti i nostri organi e le nostre cellule operano per un obiettivo comune.

Prendiamo in considerazione la responsabilità individuale e i semi della sua decostruzione :

Ricordo un giorno in particolare, in cui grazie alla mia predisposizione per la matematica, sostenevo e aiutavo mia figlia a svolgere alcuni compiti, ovviamente quando era necessario e su sua richiesta. Le spiegavo l'approccio che adottavo io e lo cambiavo se lei non capiva. Una sera è tornata piangendo, dicendomi che non voleva più il mio aiuto, perché aveva ricevuto uno zero. I suoi risultati erano giusti, ma non li aveva ottenuti con il metodo che voleva l'insegnante. Quel giorno è stato un esempio tra molti altri in cui parte della mia responsabilità di genitore è stata scossa. Naturalmente possiamo spiegare questo fenomeno portando delle ragioni, le regole, le leggi, l'uguaglianza per tutti e così via. L'istruzione non è più responsabilità dei genitori, del loro buon senso, ma di un sistema, di un protocollo. Questa è l'istruzione nazionale. Oggi i genitori aspettano l'insegnamento per poi educare i loro figli, sperando che la scuola li metta sulla retta via. In azienda ci sono gli stessi « *sintomi* », le regole economiche e sociali governano il tutto. Tali norme non consentono al dirigente d'impresa di utilizzare il proprio buon senso e sembra che queste regole permettano di evitare una certa anarchia. È vero, purtroppo l'intelligenza benevola o collettiva si trova di fronte alla triste realtà delle leggi e dei divieti, che impediscono di esprimersi, di esplorare. Allora come si fa a creare un mondo responsabile se questo viene privato della propria responsabilità primaria ? Questa mancanza di responsabilità a vari livelli ha creato una fuga generale, perché spesso, per non dire sempre, riponiamo la responsabilità al di fuori di noi stessi. Tutto ciò arena ogni giorno un po' di più l'essere umano, che alla fine reagisce come uno strumento robotico e aggiornato secondo il nuovo programma degli sviluppatori.

La luce illumina i passi della responsabilità .

La constatazione precedente non è da intendersi come critica accusatoria, ci sono uomini che stanno lavorando per trovare delle soluzioni. Ciò che vorrei esprimere qui è che la struttura del Sé, quando esiste, è in grado di adattarsi a una dubbia regola, mentre se non esiste, avrà difficoltà a integrarsi in una legge giusta. Vedere « *ciò che è* », agire, si esprime in un atto nuovo, che non è quello a cui siamo abituati, ossia quello del pensiero condizionato da un metodo, da un'abitudine, da un cosiddetto sapere. Vedere si esprime all'interno di noi stessi, all'interno di una persona libera, non libera di fare ciò che vuole, ma libera dal condizionamento. Una persona che cerca l'insegnamento o la coscienza del Sé, una persona che va avanti, responsabile dei propri atti, perché le sue azioni non sono frutto di un desiderio, di una paura o di un capriccio, bensì di un ascolto attento. Da quel momento si verifica un atto di Vita per la Vita stessa, attraverso il Sé, l'invisibile si connette per insegnare a tutti. In questo modo affrontiamo molto meglio l'esercizio di osservare i nostri pensieri, possiamo metterci tenerezza e rigore, come una mamma che, quando becca il suo bambino con la mano nel sacchetto delle caramelle, gli dice : « *No tesoro, ne hai già mangiata una, adesso basta* ». La madre sa che la caramella fa piacere, ma in fondo sa anche che non deve educare il suo bambino per il suo piacere, ma deve farlo in quanto madre. Sembriamo essere entrambi per noi stessi, madre e bambino, femminile e maschile, e sappiamo, comprendiamo questa responsabilità in un atto di sviluppo, non di punizione o frustrazione.

Ecco alcuni semplici esempi per rendere l'idea. Ci mostrano, fino a che punto e a seconda della nostra personalità, come le nostre opinioni e le nostre azioni si evolvano nel tempo :

> « *Per quanto riguarda l'atto di salutare, a seconda della persona e del contesto, possiamo osservare che i nostri veri sentimenti in quel momento appartengono al campo dell'invisibile e che sono ugualmente variabili, non sempre in noi interiorità ed esteriorità hanno lo stesso colore.*

Quindi, quali sono i miei profondi e veri sentimenti, cosa succede in me quando dico buongiorno ?

> « *Ho deciso di andare in un luogo preciso per fare una cosa specifica. Ma ecco, un amico bussa alla porta, è venuto a prendere un caffè, che gli offro volentieri, poi mia madre mi dice che il suo contatore è saltato e che non riesce a sistemarlo, quindi vado a farlo io in fretta e furia, prima di fare ciò che mi ero programmato, ma sfortunatamente mia moglie mi chiama e mi dice che il tipo*

per la manutenzione dell'addolcitore d'acqua è arrivato in anticipo. In poche parole, oggi è tutto un po' complicato. La sincronicità sembra far tutto da sola, ma c'è da capire, per me o contro di me?

Due possibilità : o decido di fare comunque quello che avevo previsto trovando altre soluzioni man mano che gli ostacoli si presentano o abbandono l'idea, lo farò più tardi. Ho il mio libero arbitrio. Osserviamo questo fenomeno, è la « *sincronicità* », che purtroppo spesso viene confusa con la casualità; in questo caso non si tratta di mostrare o proporre uno stile di vita, né di indicare che esiste un mezzo « *sicuro* » per interpretare qualsiasi cosa. Ogni interpretazione implica il pensiero e quindi preferisco precisare che questa voce si limita a questo caso specifico. No, qui si tratta di dare uno sguardo che non cerca interpretazione, ma che vede solo un « *buongiorno, sono qui, sono la vita ! Guardami e mettiti in coscienza* ».

La sincronicità.

Tutti abbiamo esempi comuni di coincidenze. Ci viene detto che il nostro cane si alza e va alla porta d'ingresso per aspettarci, mentre noi ce ne andiamo solo dall'ufficio per tornare a casa. Pensiamo a qualcuno e questo ci telefona. In una conversazione una persona ci toglie la parola di bocca. Vogliamo prendere lo stesso oggetto nello stesso momento e così via. Sembra che queste piccole cose della vita quotidiana, queste coincidenze siano considerate « *normali* ». Se questo ci sembra normale, basta fare un altro step. Un piccolo passo in avanti per accettare e capire quanto ci circondi la sincronicità. È dotata di una facoltà incredibile, ma solo il Sé saprà interpretarla ! Quindi, non serve cadere nei meandri del pensiero, nelle sue macchinazioni o nella sua abituale esagerazione, è necessario solo prestare molta più attenzione, sapete, come quando si vuole comprare un modello di auto e improvvisamente lo si vede dappertutto ! Beh, è la stessa cosa, nuove situazioni ci salteranno agli occhi, come : pensiamo a qualcosa che probabilmente è importante e arriva un messaggio il cui contenuto ci colpisce per la sua relazione con il pensiero. Percepiamo una specie di contrasto e finiamo per farci male. Un uccello sbatte la testa sul finestrino e ci sveglia facendoci capire ciò che dovevamo vedere o fare. Questi eventi contengono qualcosa in più di quello che sono realmente, trasmettono un messaggio, che a volte cambia qualcosa dentro di noi o induce un'azione spontanea. A volte hanno una forma completamente diversa : in questa sincronicità un concatenarsi di eventi ne rivela un'immagine perfetta. Diciamo solo grazie per aver attirato l'attenzione su questo punto. Potrebbero essere riportati molti esempi, quindi vi lascio il compito di aggiungerne. Attraverso l'atto di osservare e di posare uno sguardo diamo al mondo nascosto la possibilità di aprirsi ai nostri occhi per vedere : la sincronicità.

« La sincronicità è un fenomeno che dobbiamo osservare, perché ci dice molto su ciò che sta accadendo ».

Più ci impegniamo su questo cammino e più forte sarà il nostro stupore, quasi una meraviglia ! Soprattutto se sappiamo essere pazienti, perché l'immediatezza non fa sempre parte dell'equazione. L'universo discute con noi, decide di rispondere subito o di non farlo proprio… Ma a modo suo… Dentro di noi sappiamo che c'è un'altra realtà, che siamo in contatto con essa e poco importa come la chiamiamo : la nostra coscienza superiore, i nostri angeli, le forze divine, vedere oltre, osservare da lassù o semplicemente Dio… Non cerchiamo prove o definizioni nel dizionario. Siamo amati e guidati dalla *« Vita »*, ma è fondamentale rendersi contro che siamo anche rispettati nel nostro libero arbitrio. Quindi, quando attraversiamo momenti difficili e quando sembra che la vita ci sfugga, possiamo anche chiedere aiuto. Se si tratta di una richiesta che viene dal cuore, di una ricerca per capirsi e non di una richiesta egoistica della mente, allora qualcosa accadrà, l'invisibile si rivelerà, sempre a modo suo : nel giusto. Se la domanda viene posta dall'ego, la risposta arriverà comunque, ma il giusto sarà all'altezza della domanda. È proprio perché l'universo e gli *« anziani »* ci amano che non sono qui per giudicarci, né per compiacerci. Giudicare e compiacere sono due cose ben diverse dall'essere *« giusto »* e dall'*« Amare »*. Quindi, per dare un senso profondo alla nostra esistenza e alla preziosità della vita, possiamo osservare ancora e controllare che ciò che sta accadendo sembri seguire il cammino delle nostre « *vibrazioni* », non quello delle nostre illusioni. Mi permetto di affermare che la vita non ci richiede perfezione, perché forse sarebbe ingiusta se lo facesse. Ma ciò che possiamo concederle, in cambio del suo Amore, sono la nostra costante attenzione e i nostri sforzi per raggiungerla. Infatti, nonostante le « *briciole di pane* » e gli aiuti che ci possono essere concessi, se non ci comportiamo in modo responsabile questi aiuti non serviranno a nulla. In questo vuoto pieno, in questo invisibile, inviamo informazioni, sono le nostre onde personali e con loro siamo il giardiniere che semina, che semina in se stesso e quindi nell'universo :

> « *La sua osservazione.*

> « *I suoi pensieri.*

> « *Con una certa intensità, più o meno alta.*

> « *Con un certo valore, più o meno elevato, più o meno etico. Generate dal « non Sé cosciente », dal « Sé latente » o dalla » risonanza del Sé incarnato cosciente »*

Il libero arbitrio.

Questo atto di osservare e/o di pensare e poi di agire è il movimento del nostro « *libero arbitrio* », condizione intima che rappresenta la nostra responsabilità. Ogni difficoltà, ogni errore o ogni atto prezioso da cui tutto sboccia è spesso il risultato del nostro libero arbitrio. Quando però vi è comprensione e azione senza scelta sembra essere fuori dai giochi. Tuttavia è necessario sottolineare che si tratta di un passaggio obbligatorio, che forse domani ci condurrà ad agire senza di lui, perché questa libertà di scelta, di arbitrio, può essere contraria alla « *voce del cuore* », alla percezione del cuore.

« Il libero arbitrio è una grande responsabilità che ci viene data in questa vita. Indipendentemente dalla classe sociale o dalla posizione in una gerarchia, tale responsabilità sarà sempre al di sopra di tutto ciò che la società ci impone ».

È con lui che percorriamo le diverse tappe della vita, è con lui che decidiamo di continuare su un cammino che ci turba. Ma è anche con lui che vinciamo le battaglie. Non sto parlando di battaglie contro gli altri ! Parlo delle nostre. Perché il libero arbitrio deve essere in accordo non forzato con il prolungamento implacabile delle « *vibrazioni* », della Responsabilità e del Cuore da cui siamo animati.

*In sintesi : l'osservazione interiore dà i suoi frutti, l'osservazione della sincronicità e delle « **briciole di pane** » ci dice un po' di più su ciò che sta accadendo. L'altra realtà, quella dell'invisibile, guida i nostri passi. Ognuno di noi fa la scelta con la quale si sente più a suo agio per spiegare determinate evidenze. Possiamo chiedere aiuto e qualcosa può anche succedere, sotto forme diverse, ma a mio avviso tale aiuto non deve essere una stampella, bensì solo un sostegno passeggero. Il libero arbitrio è la parte di noi che deve riconoscere ciò che è sacro in Sé.*

Capitolo 11

Tutto è catturato dall'invisibile, un po' come un « *big data* », ma su una scala incommensurabile, illimitata e infinita. Alcuni parlano di « *memorie akashiche* ». Si tratta di un termine usato in esoterismo per esprimere che nulla si perde, tutto esiste da qualche parte nella matrice e rimane disponibile da sempre e per l'eternità, in uno spazio in cui il tempo non c'è. Con il termine disponibile si implica che possono esserci connessioni in entrata o in uscita. C'è uno scambio, un legame, qualcosa di cui non siamo consapevoli. Virtualmente ci sarebbe una connessione tra tutto e tutti. Ovviamente per la nostra mente non ha senso, perché non siamo in grado di vedere, né di andare a cercare questa informazione, come faremmo per esempio in un libro. Per alcuni la connessione sembra possibile. Il fatto è che guardare l'esistenza di questa memoria, misurarne la portata, influenza la nostra visione delle cose, i nostri comportamenti interiori. Avete forse sentito parlare delle leggi dell'attrazione ? Alcune cose si attraggono, altre si respingono, ammassi di onde e di particelle si organizzano in chimica e poi in vita. In altre parole in « *ciò che è* ». La coscienza agisce a livello quantistico sulle onde e sulle particelle, come è stato detto nel Capitolo 5. Quindi possiamo desiderare di assemblare tutti i pezzi del puzzle per averne un'immagine personale. In questo apprendimento, più ci conosciamo come siamo, non le nostre illusioni ma « *ciò che è* », più vediamo i nostri pensieri e il loro lavoro sottostante. Possiamo addolcire, ammortizzare o calmare, non so come dire, questi processi che sembrano non avere alcun limite. Non dobbiamo pensare che ci sia qualcosa da domare o da controllare, ma quando tali processi sono allo stato brado non siamo in grado di capire cosa ci succeda. Deve esserci lucidità, perché qualcosa succede, c'è un nesso causale tra il nostro stato d'essere e l'ambiente visibile e invisibile. Quindi, se impariamo a incrementare la visibilità, poco a poco lo stato di tranquillità interiore si diffonderà. Una maggiore lucidità ci aiuta a lasciar scivolare ciò che prima ci rimaneva incollato. Nel profondo di noi stessi, nella quantistica, in questo spazio immateriale, nella coscienza, la legge dell'attrazione modifica la struttura, affinché sia per noi possibile approcciare altre prospettive. Vi propongo dunque di osservare gli eventi della nostra vita e i diversi legami, almeno quelli con cui possiamo confrontarci più spesso.

I legami con le nostre conoscenze.

Gli esseri umani creano legami tra loro, dal più forte per i rapporti più stretti, al più debole per gli incontri o le conoscenze superficiali. Possiamo anche osservare che talvolta con alcune persone si instaurano immediatamente dei legami forti, c'è una buona connessione. Forse questi incontri non sono casuali, non significa che dobbiamo stare insieme fino alla morte, ma l'universo ha i suoi segreti. In ogni caso, tali collegamenti sono concretizzati da uno scambio, sia esso visibile o silenzioso. La nostra vita è accompagnata da simpatia, affetto, tenerezza, amore e così via, ma sfortunatamente anche da ribellione, rabbia, disaccordo e ogni tipo di emozione. Così fluisce la naturalezza di ognuno di noi nella società. Grazie all'incontro si apre un canale : si verifica uno scambio di informazioni in ciò che ci risulta visibile, le nostre parole e i nostri comportamenti, siano essi forzati o naturali. Ma nasce anche un sentimento. È ciò che abbiamo di invisibile e un esempio può essere il famoso saluto poc'anzi menzionato. Avviene una specie di scambio di dati, ma non sempre ne siamo consapevoli. La persona di fronte a noi lo riceve, a prescindere che ne sia consapevole o meno, che lo scambio sia forte o debole. Possiamo prendere questi scambi di dati, di fatti che accadono nella nostra vita, per « *vedere* » in modo diverso. Può succedere che due persone dicano la stessa cosa, parola per parola, nello stesso momento. Si tratta di una parola che salta fuori dalle nostre bocche in modo perfettamente sincronizzato. E in queste circostanze il caso non c'entra un fico secco ! Prendiamo il sale nello stesso momento. Cantiamo una canzone mentre l'altro ce l'aveva proprio in mente. Per fare un altro esempio, possiamo anche citare alcune persone che fungono da tramite, aiutano gli altri fornendo loro delle informazioni, che vengono trasmesse attraverso diversi canali. Senza dover essere un canale così sviluppato, abbiamo comunque la facoltà di trasmettere e ricevere. Poco importa la fonte, la connessione o la ragione, queste cose accadono, ci accadono ed è difficile provare il contrario. Queste nozioni ci consentono di adottare un approccio verso dei possibili meccanismi o comunque un modo esplicito per osservare il fenomeno.

Ora possiamo chiederci che impatto tutto questo avrà su di noi. Bisogna tenere a mente che non è perché non scatta quel qualcosa tra due persone che non vi è scambio di dati. Al contrario, più siamo in contatto con le persone, più lo scambio sembra essere attivo. Nell'ambiente lavorativo, per esempio, le relazioni sono molto frequenti. Prestando attenzione, potremo notare che esiste in noi una tendenza. Pensiamo di « *accogliere* » il bene e di allontanare ciò che non lo è per il nostro benessere. Ma questa visione mentale non conosce affatto la realtà dell'invisibile o del contagio negativo, non ne siamo veramente coscienti, ma la nostra resistenza incontra questi limiti e le nostre barriere si indeboliscono. Ecco una delle molteplici ragioni dello stato di stress della nostra società. L'essere non è abbastanza considerato in quanto umano, un pari umano, per umano intendo una persona non classificata in una categoria di debole o forte, di ricco o povero, di intelligente o idiota, di abile o incapace, di buono o cattivo e così via, perché un essere umano è un essere umano e noi tutti lo siamo, checché se ne dica. Le nostre divisioni settarie fanno sì che l'uomo sia visto semplicemente come fonte di profitto. Le conseguenze sono infine rivolte alla gerarchia di potere, allo schiacciamento e al denaro, ossia all'opposto della realizzazione del Sé. Ciò comporta delle ripercussioni sia per gli « *schiacciatori* » sia per gli schiacciati, per i decisori e per chi subisce passivamente. Gli uni prendono le distanze dalla loro vera sostanza di vita, gli altri invece dalla loro fiducia in se stessi. Ciò che vorrei dire di importante è che, grazie al legame nato con l'incontro con l'altro, famiglia o meno, affinità o meno, vi è ugualmente uno scambio di dati. Questa è la verità, siamo in grado di stabilire una sincronizzazione, il nostro essere invia, riceve e condivide informazioni, energia. Qualcosa però deve cambiare in noi. Questa esteriorità non possiamo e non dobbiamo combatterla, volerla controllare o manipolarla; la nostra interiorità, grazie alla sua capacità di comprensione, può captare una nuova frequenza e agire su di essa. Il risultato è che ciò che non ci assomiglia più non fa più presa su di noi, come invece un chiodo che si pianta e ci ferisce. Questo non ha niente a che vedere con l'insensibilità, ma quando qualcosa di neutro si instaura in noi tutto ciò diventa possibile. L'energia esiste sempre, ma non ci sentiamo più destabilizzati, feriti, frustrati o infelici. Poiché abbiamo compreso e riconosciuto in noi stessi il vero nel falso, possiamo agire seguendo la nostra frequenza. Non si tratta di una volontà, di un atto mentale o di un esercizio che deriva da un protocollo, bensì di una comprensione del Sé, libera da tutto questo.

Aneddoto del Buddha e dell'uomo arrabbiato :

Un giorno, tra la folla che lo ascoltava, c'era un uomo esasperato dalla santità di Buddha. Urlò degli insulti a Buddha, poi se ne andò, nero dalla rabbia.

Percorrendo le risaie del villaggio, la sua rabbia si placò, e poco a poco venne invaso da un profondo senso di vergogna.

Come aveva potuto comportarsi in questo modo ? Decise quindi di tornare al villaggio e di chiedere scusa a Buddha.

Una volta arrivato davanti a quest'ultimo, si prostrò e chiese perdono per la violenza delle sue parole.

Buddha, pieno di compassione, lo fece alzare, spiegando che non aveva nulla da perdonargli.

Sorpreso, l'uomo ricordò le ingiurie proferite.

- « Cosa fa se qualcuno le porge un oggetto che non le serve o che non vuole ? « domandò Buddha.

*- « **Beh, semplicemente non lo prendo** » disse l'uomo.*

- « Cosa fa allora l'offerente ? « si preoccupò Buddha.

*- « **Beh si tiene il suo oggetto** » rispose l'uomo.*

- « Forse è per questo che sembra soffrire per le ingiurie e le volgarità che ha detto.

Per quanto mi riguarda, le assicuro che la cosa non mi ha toccato.

Questa sua violenza... non c'era nessuno a raccoglierla » rispose il saggio.

Convinzioni, « *forme pensiero* » : che siano esse politiche, finanziarie, ideologiche o di altro tipo, spesso aderiamo a un collettivo. Quando crediamo, apparteniamo o aderiamo a un gruppo di pensiero, si stabilisce un collegamento. Avviene un incontro sottile sul piano energetico. L'energia del pensiero, della coscienza non conosce alcuna distanza. Tali energie non viaggiano come la materia, con un mezzo di locomozione ! Questa idea implica che la convinzione ci colleghi a un vasto campo energetico, globale. A seconda del potere di quest'ultimo, saremo influenzati da questo egregore, a un certo livello di coscienza.

> ❧ *Definizione di egregore (o eggregora) : nell'esoterismo indica un concetto che designa uno spirito di gruppo influenzato dai desideri comuni di diversi individui uniti in un obiettivo ben definito. Tale forza avrebbe bisogno di essere costantemente alimentata dai suoi membri attraverso rituali stabiliti e definiti.*

L'energia viene assorbita e, nello stesso modo in cui dobbiamo considerare la qualità degli alimenti per il nostro corpo fisico, dobbiamo imparare a gestire la sostanza energetica ricevuta dai nostri corpi sottili. Il pensiero collettivo è una « *forma pensiero* ». Tengo a precisare che la cultura è una « *forma pensiero* » potente, ma ne esistono molte altre. Un collettivo ha dunque fatto nascere una realtà. Quest'ultima viene poi alimentata e condivisa sotto forma di energia dai suoi partecipanti. Indipendentemente dalla lingua, dal colore, dal Paese e via dicendo, si instaura un canale e l'energia passa attraverso di esso senza che ci sia un contatto diretto con le persone. Così come i nostri pensieri quotidiani hanno un impatto sui nostri cari, ne hanno uno anche sulla società. I nostri pensieri più quelli degli altri costituiscono un pensiero collettivo, che diventa una « *forma pensiero* » potente, la cui portata ci supera. Per capire bene l'impatto di tutto ciò, in altre parole potremmo dire : non siamo così innocenti come vorremmo in merito alla situazione globale. Viviamo in un ambiente che agisce su di noi attraverso diverse fonti, siamo trascinati da questa forza, pensiamo come questa forza e, in questo modo, vi partecipiamo.

Il legame con l'informazione mediatica.

L'informazione non è un bisogno vitale, ma una scelta. In altre parole, comprendo l'importanza di informarmi sul tempo prima di andare a fare un picnic, ma non sono obbligato a sapere tutto dell'informazione mediatica; anche se l'informazione permette una forma di dialogo tra le persone, sarà comunque superficiale. Dobbiamo valutare le informazioni che riceviamo attraverso i mezzi di comunicazione, attraverso le persone; è necessario anche comprendere l'impatto che tali informazioni possono avere sul nostro intelletto, come tutto ciò agisca sulle nostre convinzioni, sui nostri stati d'animo. L'informazione è un potere esterno che penetra l'intimità. Siamo facilmente prigionieri di ogni tipo di tecnologia che ci collega all'informazione. Se accendiamo la TV durante un pasto, o siamo attratti dal suono, dall'immagine o da ciò viene detto, oppure si crea confusione, o nessuno si parla più se non per dibattere in modo più o meno colorato su ciò che viene detto. Guardiamo il telefono mentre siamo al ristorante e non partecipiamo più a ciò che sta accadendo in quel momento. Le informazioni raccolte in questi frangenti di ricezione sono spesso oggetto del nostro dialogo con gli altri. Ma c'è un altro mondo, il nostro mondo, la nostra vita e l'esperienza diretta, la vita positiva, con o senza azione, non immersa nella confusione. Quando ci tagliamo fuori volontariamente dall'informazione, possiamo vivere qualcos'altro. I nostri argomenti di conversazione non sono più le informazioni. Le ore risparmiate sono un'opportunità per una fonte di sviluppo, per altri orizzonti, a meno che non ci mettiamo a pensare, perché la mente sa rapidamente prendere il posto della televisione o del telefono. Quindi, evitando tutto ciò ci diamo l'opportunità di scoprire un modo di vivere rinnovabile, flessibile e attento. Solo allora, in quel momento, saremo in grado di determinare se precedentemente siamo stati offuscati dal « *traffico* ». Abbiamo il dovere di proteggerci, di capire se vi sia intrusione o meno. Questa azione non è rabbia, bensì un'intelligenza guerriera, non quella che tira calci, ma quella che li evita, senza far male all'altro. Lo scenario e gli ostacoli sono sempre lì, ma qualcosa cambia.

88

Alcuni giochi proposti dall'industria dell'intrattenimento veicolano una « *vibrazione* » legata a ciò che c'è stato di più terrificante nella vita dell'umanità. La guerra, la lotta, la violenza o persino la velocità e il culto della bellezza... In ognuno di noi si può facilmente osservare la reazione, lo stato d'essere interiore dopo l'uso prolungato di questo tipo di hobby. Ciò è ancora più evidente nel bambino. Si sente spesso l'adulto affermare « *sì, ne sono consapevole, ma non mi lascio dominare da questo genere di cose* » e io risponderei « *stai attento...* ».

Dobbiamo osservare la nostra difficoltà con la nozione di tenerci occupati. Perché forse siamo troppo concentrati per vedere tutto questo o pensiamo che sia sbagliato non fare nulla o noioso meditare su di Sé. Siamo agitati e diciamo che è perché siamo pieni di energia, perché siamo persone attive, quindi facciamo sempre qualcosa per essere soddisfatti. Al di là delle reali necessità dell'occupazione, che naturalmente esistono, questo non nasconde forse una profonda verità ? In realtà, la nostra mente (l'ego) è talvolta, per non dire spesso, in fuga. In fuga da qualcosa che non vuole identificare, dal presente o da « *ciò che è* ». È logico, l'ego è il soggetto pensante, quindi se non pensa al passato o al futuro, vuole essere occupato ed è questa fuga che chiamiamo occupazione. Risulta tuttavia molto interessante fare un piccolo sforzo per osservare questa fuga e per capire il perché del suo effetto su di noi. Una volta percepito tutto ciò, non c'è niente di male nell'occupazione, siamo in grado di agire senza di essa, poiché ne siamo distaccati. Ma è difficile ed è per questo che vorremmo mettere da parte la questione. Ripeto, la società e la tecnologia servono e nuocciono allo stesso tempo. Riempiono la nostra mente. Ricordatevi che il primo frigorifero è arrivato in Europa negli anni '60. Il televisore con tutta la sua attrezzatura voluminosa risale agli anni '70. I telefoni cellulari, non gli smartphone, sono apparsi negli anni '90. Anche se gli argomenti trattati in questo libro sono sempre esistiti, la modernità e tutti i suoi lati positivi ci hanno forse superati, sepolti ?

« *No, non credo che tranquillità e intimità siano gli opposti di azione, progresso, scambio e semplicità.* »

È assolutamente possibile avere una vita professionale, occupazioni come un semplice hobby e esplorare gli ambiti citati in questo libro. Tutto ciò non è incompatibile. L'osservazione del Sé può essere effettuata in modo costante se l'essere non vive nella confusione ! Non è una questione di fattibilità, bensì un problema della mente, è lei che non vuole (cfr. i due schemi a pagina 44 e 45). Da un punto di vista personale, dobbiamo capire che il nostro stato d'essere scrive una storia, come una pergamena che traccia la nostra vita e la nostra evoluzione. Ogni linea ha il suo colore, la sua risonanza e il suo magnetismo. Il magnetismo attrae o respinge, è la sua natura. La legge dell'attrazione va ad aggiungersi a quella del pensiero. Sono indissociabili.

« *Dimmi con chi vai e ti dirò chi sei* »
Di conseguenza possiamo scrivere :
« *Dimmi cosa ascolti e ti dirò chi diventerai* »

La storia dell'umanità non è un lungo fiume tranquillo e ogni tipo di onda, di egregore, riempie le memorie del vuoto. Quindi lasciarsi andare alle emozioni più basse, nutrirsi di cibo non etico o aderire alle convinzioni di gruppi non è un'opzione che farà crescere l'essere umano e la nostra società, perché il Sé non può essere esplorato nel condizionamento. Comprendiamo che il nostro libero arbitrio rappresenta la nostra azione in questo mondo, eppure lui stesso deve percorrere il suo cammino, visto che non è veramente libero. Siamo tutti legati, in un modo o nell'altro, a un tutto. Non serve a nulla appartenere a un gruppo, seguire un guru o un'ideologia che ci spiegherà come prendere le nostre decisioni e come percorrere la strada della nostra vita. Sì, credo che abbiamo bisogno di aiuto. Penso che seguire le « *briciole di pane* » ci faccia incontrare persone, luoghi, libri, video, ogni tipo di cosa o sensazione positiva. Credo che tutto ciò sia essenziale e che ci porti sulla buona strada. Ma per tornare al libero arbitrio… Siamo gli unici capaci e in grado di compiere le nostre scelte e le nostre azioni senza scelta, di gestire i nostri pensieri o di osservarli e di fare di tutto questo la nostra esperienza di vita. Comprendiamo anche che l'informazione è uno strumento a due facce, testa è vero, croce è subdolo. L'informazione è preziosa e utile, ma come tutti gli strumenti deve essere gestita e utilizzata in modo corretto, se no rischia di far danni. Quello che voglio dire qui è che abbiamo bisogno del « *tutto* » per capire e andare avanti. Non scartiamo nulla senza osservazione, discernimento, lucidità e chiarezza, liberiamoci del peso della conoscenza, del futuro e del passato, del condizionamento e delle tradizioni. Qualcosa deve scaturire da noi, dalla nostra « *vibrazione* ». Questo incontro con noi può avvenire solo in un'intimità non condizionata, non modellata dalla società, dallo schiacciamento, dal potere, dall'ideologia o da chissà cosa…

« Il legame è ciò che ci collega al tutto; l'influenza è l'effetto subdolo che non ha l'intelligenza del cuore. »

Il legame con le piante e gli animali.

La natura e tutte le creature che popolano il nostro pianeta fanno parte di un equilibrio. L'uomo moderno, con le sue aspirazioni di grandezza, piacere e comodità, disturba la vita che lo circonda. Tutto questo lo stressa. È stressato dal nutrirsi di industria e finanza a tutti i livelli di consumo : cibo, bevande, energia, piacere, turismo, locomozione, habitat, rapporti umani e via dicendo. Se tutto ciò che ingurgitiamo, respiriamo e viviamo è colmo di questa energia meccanizzata, cosa può succederci di positivo ? È dimostrato che un pomodoro cresciuto in un vero orto, senza alcun apporto chimico, nutre molto di più rispetto a un pomodoro industriale, che non ha mai visto la terra. La pianta di pomodoro ha una certa coscienza, o una certa sensibilità se preferite, come tutte le piante e gli alberi che amano la musica classica e il canto degli uccelli, che influiscono sull'associazione con altri vegetali, fiori e insetti. Reagiscono all'attenzione che viene loro rivolta e alle cure che ricevono. Un pomodoro che proviene dall'orto ha un'energia vitale, un'esistenza che lo rende migliore, migliore al di là del gusto, migliore per il nostro Sé che ha bisogno di luce. In questo modo possiamo parlare di tutti gli alimenti, animali o vegetali. Anche se dobbiamo mangiare per vivere, la vita di ogni essere va assolutamente rispettata. Questo è il legame con i nostri amici terrestri, le piante e gli animali.

« L'energia creatrice è vita, luce, forza divina, il nostro Essere crea un legame energetico con TUTTO ».

Non possiamo cambiare il mondo, ma possiamo cambiare un po' il nostro modo di consumare, per non diventare « *divoratori* ». Possiamo armonizzare ciò che pensiamo con ciò che facciamo. Non importa cosa scegliamo, siamo tutti diversi… Grazie a Dio ! L'importante è che queste scelte siano in linea con la nostra etica personale. Che la nostra etica personale sia strutturata sulla base di un'osservazione profonda e sincera, in cui il piacere non fa da sovrano, ma da discreto e semplice ospite. Dobbiamo sentirci bene in tutto questo, nella « *risonanza del Sé incarnato cosciente* ».

« Ogni centesimo speso dall'Uomo, è investito nel suo destino ».

Il legame con i luoghi, gli oggetti.

Tutti noi, da bambini o da adulti, abbiamo sentito un brivido in un luogo che ci ha colpiti. Che sia esso meraviglioso o rilassante, stregato o lugubre e così via. Saremo sicuramente a conoscenza, per esperienza in prima persona o per sentito dire, dell'esistenza di alcuni guaritori, che hanno la capacità di agire a distanza per fornire le cure necessarie. Non hanno bisogno di toccarci fisicamente. Basta che abbiano un legame, un oggetto o una foto. I luoghi, gli oggetti, le costruzioni, tutto sembra carico di energia, energia sotto forma di traccia creata nella sua storia. Esiste un legame tra cose e storia, che riguarda o rappresenta l'energia stessa. In alcuni casi si va ben oltre tutto questo. La storia di un luogo si imprime nello spazio, al di là della costruzione stessa. Radere al suolo una casa infestata e costruirne una nuova, teoricamente non stregata, non cambierà lo spazio, che manterrà la sua « *impronta* ». Bisogna ripulire il luogo dall'energia che vi è prigioniera, aiutandola così a proseguire il suo cammino. I geobiologi e tutte quelle persone che sentono e vedono al di là dei sensi comuni ve lo diranno. Alcuni luoghi sono talmente « *impregnati* » di orrori, come le guerre, i sacrifici, i massacri, che la pulizia può diventare estremamente difficile, se non impossibile. Anche se questi luoghi erano particolarmente positivi in origine, prima del sacrilegio, oggi non è bene visitarli, anzi è addirittura sconsigliato. Come sappiamo, esistono dei luoghi detti cosmo-tellurici, carichi delle forze positive del nostro pianeta e del cosmo. Questi luoghi ad alta intensità energetica sono spesso caratterizzati da edifici particolari, come abbazie, castelli o anche rocce e altro ancora. L'uomo vi si sente bene e ognuno di noi può fare l'esperienza di questi luoghi, e forse vi può percepire una certa forza. Siamo in grado di creare questo effetto in un repertorio più intimo, trasmettiamo ai nostri spazi di vita una determinata atmosfera. Una volta si usava mettere del sale davanti alla porta, affinché il malocchio non potesse entrare con l'ospite che lo aveva portato con sé. Il sale avrebbe delle virtù purificatrici riconosciute fin dalla notte dei tempi, proprio come ci raccontavano le nostre nonne. Ma il suo utilizzo riguarda l'energia presente all'esterno, in modo che questa non penetri all'interno. Dobbiamo capire che il nostro stato d'essere attira ciò che vibra e che, a nostra volta, lo trasmettiamo al nostro spazio, a casa nostra, agli oggetti e alle persone. È quindi importante impegnarci a « *risplendere* » in seno al nostro essere, per diffondere gioia, amore e tutto ciò che di buono abbiamo da condividere. La nostra benevolenza e il nostro attaccamento alle cose semplici della vita sono un potente principio attivo che agisce e si instaura in tutto ciò che ci riguarda intimamente. Non possiamo barare con il sacro se parliamo della « *luminosità* » delle cose. Solo la sincerità non legata a mente e pensiero è riconosciuta per agire in quanto tale, altrimenti non si ottiene lo stesso risultato.

Il legame con il tutto.

Aprirsi al legame con il tutto non ha nulla di utopico. Tutte queste nozioni di legami, modi di pensare, cause ed effetti, ambiente, leggi dell'universo e di attrazione e così via, sembrano complesse e difficili da comprendere. È vero, e forse dovremmo accettarlo durante il corso della nostra vita, ma che importa, basta trovarci un senso, affinché la nostra visione si adatti a un modus operandi interiore.

« *Imparare e poi Essere formano una coppia in un ciclo eterno
che rafforza la Fede in Sé, la Gioia e l'Amore* »

Una parte di noi ottiene tutto il suo valore quando, passo dopo passo, il nostro « *servitore* » prende il sopravvento su dei nuovi meccanismi. Il ruolo più importante è certamente quello di riallinearci
costantemente con il momento presente. Si capisce quanto questo
« *servitore* » possa esserci utile solo quando scopriamo che è un
nostro strumento. E poi col tempo possiamo affidargli tantissimi
compiti automatici, sta a ognuno di noi deciderli, come per esempio
guardare le proprie emozioni, trovare istintivamente il lato positivo
di una difficoltà, ringraziare regolarmente e silenziosamente ciò che
può sembrare banale, come un pasto, un albero che ci fa ombra, la
luna per la sua bellezza o il sole che ci riscalda e molte altre cose. È
chiaro che tutto questo è stato realizzato con una nuova prospettiva,
con una migliore capacità di pensare. Quindi, per mantenere il nostro prezioso equilibrio sarà sempre utile una verifica effettuata dalla
« *risonanza del Sé incarnato* », che ci permetterà di continuare il
nostro cammino che avanza e si rivela, ancora... !

*In sintesi : ci rendiamo conto che in questo spazio, in questo vuoto
pieno che ci compone e ci circonda, circola ogni tipo di informazione.
Si creano legami e connessioni, ci sono influenze e correnti legate al
pensiero, alle emozioni, alle leggi dell'attrazione e dell'universo. Sono
presenti dei fenomeni di causa-effetto che sfuggono al nostro senso
della realtà e che lavorano per il nostro sviluppo. Non abbiamo una
visuale diretta dei loro effetti, perché fanno parte del dominio dell'invisibile. Anche se questi non sono sempre di nostro gusto, c'è un'elevata
probabilità che ci siano comunque destinati. Da questo punto di vista,
stiamo entrando in uno spazio in cui il caso e la fatalità ci fanno fare
orecchie da mercante per scappare dalla verità ! Notiamo che si tratta
di posare uno sguardo solo e unicamente su di Sé. I legami e le eggre-
gore agiscono in due direzioni. Possiamo osservare che i nostri pensieri sono collegati a persone, convinzioni ideologiche e collettive, mezzi
di comunicazione, tecnologie, giochi, luoghi e oggetti... Capiamo che
il legame è ciò che ci collega al tutto, che l'influenza non è il messaggio
del cuore : l'amore non conosce influenza, scopo e nemmeno attacca-*

mento. Abbiamo la capacità di trascendere la nostra vita in un essere lucido, avvicinandoci a « **ciò che è** » attraverso questa presenza passiva, posando uno sguardo lontano dallo scopo e dall'attesa.

Capitolo 12

Possiamo cambiare il nostro punto di vista, guardare la scienza, la biologia, la coscienza e tutto il resto come un unico tutto. I dizionari possono fornire diverse definizioni delle parole, ma c'è comunque un'infinita diversità in materia di percezione. La percezione è libera, non definita e non fissa, proprio come la maniera in cui la condividiamo. Siamo bambini che giocano e imparano, che credono di essere soli e non sorvegliati, in un universo paradossalmente senza limiti e senza distanza. Un universo frattale dove molti elementi sono analoghi. Possiamo lasciare che la nostra percezione giochi con questa bellezza. Lasciarle intravedere la non-delimitazione degli spazi e delle direzioni e guardarla stupefatta e piena di ammirazione di fronte all'immensità e all'amore del nostro creatore.

> ∾ *Il temperamento : modera l'umore. è la nostra capacità, la nostra attitudine a gestire naturalmente la chimica del corpo e della mente. È un'abilità a cui tutti hanno accesso e che non ha nulla a che fare con il carattere. Ma ovviamente possiamo mitigare uno o più di questi tratti caratteriali. È particolarmente necessario, affinché sia costruttivo e autentico, che ciò avvenga attraverso la nostra comprensione e non attraverso la repressione o il condizionamento. L'osservazione mitiga.*

> ∾ *Il carattere : abbiamo molti tratti caratteriali che ci sono propri. Impulsivo, docile, affettuoso, ribelle, chiuso, aperto e via dicendo. Alcuni sono legati alla genetica, altri alla personalità del singolo, la cui provenienza risulta sempre inspiegabile a livello scientifico. Il nostro ambiente mette in evidenza i nostri tratti nelle nostre esperienze, come uno specchio, perché l'universo ha i suoi segreti !*

> ∾ *Il sistema nervoso : estremamente veloce, un vero fulmine che trasmette informazioni al nostro sistema ormonale*

> ∾ *Gli ormoni : sono ovunque nel nostro corpo ! Lavorano con*

il sistema nervoso. Il sistema nervoso è molto rapido, opera addirittura in millisecondi. Per quanto riguarda gli ormoni, sebbene alcuni abbiano un effetto rapido, generalmente il sistema ormonale è abbastanza lento, ci mette da qualche secondo a diversi giorni. Gli ormoni agiscono su questa chimica del corpo molto complessa, sono prodotti principalmente dalle ghiandole dell'ipofisi, dall'ipotalamo, dalle gonadi, dalle surrenali, dalla tiroide e dal pancreas; inoltre agiscono su recettori situati assolutamente ovunque nel nostro metabolismo per indurre cambiamenti fisici, biologici e psichici. In più abbiamo un sistema di regolazione ormonale multi-piano che provoca accelerazioni o frenate negli effetti, creando così dei loop. Questa complessità in noi, che cerca l'equilibrio vitale, esiste per permettere precisione e sottigliezza. I nostri cinque sensi e il pensiero sono senza dubbio dei potenti stimoli del nostro sistema ormonale.

Il comportamento : è ciò che gli altri vedono o percepiscono, ma inoltre ha delle ripercussioni dirette, a breve o a lungo termine, su di noi e sulla nostra interiorità. Una parte del nostro comportamento è legata all'educazione, ai condizionamenti della società e all'ambiente, un'altra parte invece è legata ai nostri stati d'essere, che possiamo collegare alla gestione del trio ormoni, carattere e temperamento.

Un po' di Umorismo.

Buongiorno, mi chiamo Ghiandola. Ho un sacco da fare. Sto sempre captando informazioni dall'esterno, almeno credo ! Ma non cominciamo dalla fine ! ! ! Allora, a causa di queste informazioni esterne, io « **ormono** »... E tanto anche !

- Noi ghiandole « **ormoniamo** » continuamente ! Un po' come voi umani, ma credo che voi diciate piuttosto « **penso molto** ». Ma per noi è la stessa cosa ! Ma è anche diverso, noi ormoniamo, sai ? Hai capito la differenza ? No, beh, non fa niente...

- A dire il vero, ghiandola è il mio nome comune, in realtà gli ami-

98

ci mi chiamano Gonade. Sono io a gestire un po' i tuoi testicoli o le tue ovaie. L'altro giorno stavo ormonando come al solito e mi sono resa conto che i miei cugini, gli enzimi, avevano preso il mio ormone e che con i loro amici avevano ormonato qualcos'altro. Quindi, quello che devo dirti è che quando le ghiandole hanno ormonato, beh va tutto a finire nel sangue. Ecco perché è disponibile anche per gli altri ! ! Ma così, visto che anche loro hanno ormonato e hanno cambiato il mio ormone nel sangue, il risultato non è più lo stesso ! ! ! Miseriaccia... Beh, forse è vero che avevo ormonato un po' troppo ! ! ! Papà ipotalamo e mamma ipofisi però tengono gli occhi ben aperti, per fortuna sono intervenuti con i loro neurormoni per impedire al sangue di cominciare a bollire, altrimenti sarebbe stata una catastrofe. Non ti dico che emozioni !

- Sì, mi sono dimenticata di dirti, il sangue è la nostra rete 7G. Ma voi forse lo chiamate spazio ciò che vi circonda, giusto ? O se no lo chiamate aria ? O vuoto ? Avete un sacco di parole per dire la stessa cosa... Ma è come il sangue sai ! No, non lo sai... Beh non fa niente. Quindi, ovunque nel corpo-cosmo (che per te è l'universo) ci sono dei recettori che sono pronti a ricevere il mio segnale quando ormono, un po' come le vostre televisioni. Se non sei abbonato, allora non ricevi il segnale, giusto ? Hai capito ? Sì ! Oh, finalmente, per una volta ! Quindi, quando il ricevitore/recettore è acceso prende tutto il programma e poi, come sa fare lui, trasmette il canale non codificato. Ma qui parliamo della catena proteica, ovviamente, non di FoxNews. Ma tu la catena non codificata non la vedi, perché per vedere credi solo ai tuoi occhi e tipo nell'aria non vedi proprio nulla, allora, beh... Non riesci a vedere, sei frustrato ? Eh ma che ci vuoi fare... Beh, io forse sarò solo una ghiandola, ma io ci vedo ! Hahaha ! !

- Quindi, visto che ci avviciniamo alla fine, c'è una cosa che devo dirti. Lascia perdere gli occhi e ascoltami... Noi due siamo una squadra. Quando tu pensi, io ormono, quando informazioni provenienti dall'universo del tuo vuoto, del tuo spazio o della tua aria... Beh, sai cosa ? Ne abbiamo già parlato prima. Beh, quando hanno un contatto con i tuoi sensi, io ormono.

- Bene, sento che sei pronto... Allora pensa te, il tuo vuoto qui...
Beh, è come il mio sangue ! ! Allora apri i tuoi re-cet-to-ri e anche
il tuo cuore ! Im-pa-ra a vedere oltre i tuoi occhi. Non immaginare niente, ma impara a moderarti, perché sono io che ormono
per te !

Capitolo 13

Conoscenze.

La conoscenza sembra dare, in un certo senso, ciò che chiamiamo potere. Molti di noi mettono in evidenza le proprie conoscenze, in quanto si tratta di un qualcosa di prezioso agli occhi del detentore. Perché è così ? Andiamo a scuola, facciamo degli studi, normali o superiori. Lavoriamo e impariamo una professione. Accumuliamo esperienza. Riteniamo che tutto ciò rappresenti il nostro valore e speriamo di compiere ulteriori passi avanti per incrementare le nostre conoscenze. Ci piace diventare una persona utile, efficiente. La conoscenza permette di preparare una buona torta, di costruire un muro, di mandare un satellite in orbita o semplicemente di essere ingegnoso. Esiste anche la conoscenza di persone, Pietro ha incontrato Paola e ora si conoscono. Pietro conosce talmente tante persone ! C'è la cosiddetta conoscenza non tecnica, che si basa sulle parole altrui o sulle letture. È quella che riguarda la memoria o i successi altrui, ma anche le esperienze. Che si tratti di conoscenza di altre persone o di saperi, sembra che più ne abbiamo, più ci sentiamo bene e forti. E dunque, in caso contrario, male e deboli. A parte qualche eccezione, la società e la mentalità culturale classificano e gerarchizzano la popolazione in base alle competenze. Il potere d'acquisto delle nostre famiglie dipende da questo parametro. Lo sguardo degli altri valorizza l'essere a seconda della quantità di conoscenze che possiede e del successo o della notorietà che ha acquisito grazie a questo. La capacità di conoscersi, che non è conoscenza, bensì « *comprensione del Sé* », non sembra rientrare tra i criteri di conoscenza, il cui valore è stimato dagli altri nella nostra società.

« *Abbiamo fatto della conoscenza un indice di valore umano* ».

La conoscenza tecnica è molto utile, perché permette di fondarsi su un dato acquisito per svolgere un compito o per prendere una decisione tecnica. Inoltre si evolve secondo nuovi parametri e può essere trasmessa, condivisa, esplorata e sfruttata da altri. Ma nei movimenti o nelle scelte della nostra vita, responsabilità o libero arbitrio intervengono per agire o prendere decisioni. Di cosa stiamo parlando ? Su cosa si basa tutto ciò ?

Se parliamo di decisione tecnica e ci basiamo su affermazioni definite conoscenze tecniche, come quando seguiamo una ricetta per una torta, per farla semplice, nel peggiore dei casi il risultato sarà troppo dolce o troppo secco, invece nel migliore dei casi sarà eccellente per i nostri gusti. Ma cosa succede se parliamo di una decisione non tecnica, che per esempio riguarda il nostro futuro ? Ancora una volta possiamo basarci su affermazioni, consigli, scritti o protocolli, che definiamo sempre conoscenze esterne. In questo caso possiamo osservare che anche la conoscenza, che è memoria e certamente un punto d'appoggio, ha i suoi limiti, perché la questione è : può prendere in considerazione tutti i parametri della situazione ? In ogni caso qui ci limitiamo alla cultura. Prima di dare una risposta, vediamo cosa ci porta la comprensione e come si distingue dalla conoscenza.

La comprensione.

Se dovessimo posizionare la comprensione su una scala di valori, in merito alla visibilità, vedremmo che sarebbe al di sopra della conoscenza. La conoscenza di una ricetta per fare una torta, per quanto precisa possa essere, non è la comprensione del processo per farla, della qualità degli ingredienti, del funzionamento del forno e del nostro bambino che cercava il suo orsetto ! ! Questa comprensione permette di accettare che la torta non avrà sempre lo stesso sapore, se alcuni parametri dovessero cambiare. È dunque evidente che la comprensione di « *ciò che è* » permette di accettare che lo scopo cambi o che si dovrà applicare un altro metodo che necessiterà di una nuova taratura, e questo avverrà ogni volta che « *ciò che è* » cambierà.

In un contesto non tecnico, che implica una scelta per il futuro, indipendentemente dalla sua importanza, la ricetta è sostituita dalla concertazione, dalle pressioni esterne, dai consigli, dalle convinzioni, dall'ingenuità, dal vissuto di una situazione immagazzinata come esperienza, dall'abitudine e così via. Si tratta di memorie degli uni come degli altri e ragionare per prendere una decisione su questi soli riferimenti provoca per forza confusione, con la sua dose di disagi. Possono essere paura, insicurezza e quant'altro, ma la percezione e la comprensione di « *ciò che è* » devono far parte dell'equazione.

« L'ascolto attento, e non ciò che pensiamo attraverso la memoria, è la nostra sfida salvavita ».

Nella comprensione, quando interviene il libero arbitrio e capiamo che è ragionevole gestire solamente l'arte e la maniera, l'azione si è già imposta di per sé senza scelta, perché non potrebbe essere altrimenti. La scelta è spesso legata alla confusione, perché bisogna sempre scegliere tra questo o quello. La comprensione esclude la scelta per lasciare spazio alla decisione, all'azione. In questo caso, « *ciò che è* » non è assolutamente trascurato e sappiamo anche che è in continuo movimento. Ciò indica che ci sarà un'evoluzione che domani potrà rimettere tutto in discussione, l'azione presente è libera di cambiare, poiché essa non osserva ciò che era ieri, ma il momento presente nella sua globalità più ampia. Una memoria non può e non deve, perché non è in grado di prendere una decisione sincera. Sincera e in accordo con il nostro Sé profondo, esso stesso responsabilizzato dall'intelligenza che nasce dal non condizionamento e dall'osservazione del presente. Questa è la comprensione ed è diversa dalla conoscenza.

Possiamo constatare che, a un certo livello, la conoscenza è instabile quanto l'idea fissa. Sono parametri che possono, a torto, mettere sotto chiave il nostro libero arbitrio, su un punto definito invariabile e quindi possono interferire o andare controcorrente rispetto alla nostra reale capacità di percepire. La comprensione è il risultato dell'apertura alla conoscenza di se stessi, a ciò che succede nel momento presente, non solo dentro di noi, ma anche al di fuori. In altre parole, è un progresso del Sé e di questa responsabilità che esclude ogni meschinità. Essa comprende l'impatto visibile e invisibile delle azioni, nonché ciò che la spontaneità può apportare in quanto chiarezza. È un momento visto grazie alla nostra totale attenzione, non è affatto il nostro pensiero meccanico o la nostra memoria. Il cammino richiede di trovare equilibrio in questa danza, nell'equazione della comprensione, della conoscenza, di ciò che è in movimento, della posizione che deve prendere il nostro libero arbitrio e così via. Possiamo dedurre quanto sia complesso tutto questo e quanto l'umiltà sia la prima riserva che dobbiamo assicurarci di avere a ogni nostro passo.

*In sintesi : ciò che chiamiamo conoscenza, e che è molto utile nella nostra vita quotidiana, può anche diventare un ostacolo alla comprensione di « **ciò che è** ». La conoscenza è una moneta a due facce, una è il sapere, l'altra è prigionia. Il movimento della vita è un'eterna nascita, un passo verso l'ignoto. In questo ignoto, se osservato solo attraverso la conoscenza, il nostro movimento non potrà mai chiamarsi atto responsabile.*

Osservare, rivelare, liberare, agire, animare.

Quando, a contatto con la comprensione, capiamo, percepiamo o forse sentiamo l'energia di questo principio, allora in tutti i casi potremo procedere lungo questo processo nell'atto di osservare, rivelare, liberare, per agire e animare la vita nella sua quotidianità. Non vogliamo più seguire alla cieca un protocollo, un programma che altri hanno fatto o scritto e che ci prende la mano per rientrare in un obiettivo ben rodato e modellato. Che si tratti di settori tecnici, tecnologici, rituali, di tradizioni, di culture, che si tratti di una presunta illuminazione, o di volersi salvare, di evitare il giorno del giudizio per paura, di ritornare a credere in una certa fede, in una politica di ideologie, in un concetto, in un'ulteriore paralisi e così via... Abbiamo questa consapevolezza dei pericoli o dei possibili effetti delle pratiche provenienti dall'esterno, del loro impatto sulla nostra mente, delle loro tendenze, che ci conducono verso l'allontanamento del Sé. Quindi sappiamo tutto questo e allontaniamo o respingiamo ciò che deve esserlo, per vederci chiaro, per far spazio all'osservazione. Osservazione che assume sempre più spazio man mano che ci libera da un fardello. Il silenzio interiore trae origine sia dal rifiuto della confusione sia dalla nostra progressione verso questo spazio che si sta gradualmente rivelando alla nostra coscienza. La coscienza che ci libera da ciò che siamo, dall'« *immagine del Sé* », dalle nostre ferite, dalle loro radici, dalle ferite che incessantemente causiamo agli altri senza saperlo, senza nemmeno farlo apposta. La coscienza che ci libera da questo pensiero che frammenta, da questa divisione che manteniamo e che rappresenta il conflitto interiore ed esteriore. È chiaro, il mondo con le sue sofferenze e le sue assurdità persiste, non sparisce nel nulla. Ci rendiamo perfettamente conto di ciò che sta succedendo, ne siamo più che mai sensibili e ne percepiamo anche i pericoli, in noi come negli altri. Vedere questo pericolo ci ordina anche di non averci niente a che fare e la lucidità di questa visione globale, accompagnata dai nostri comportamenti responsabili, ci libera. Voler essere in accordo o credere in tutti questi fardelli ci riporterebbe a non prestare attenzione al rispetto del Sé, perché in tal caso non ci saremmo né compresi né accettati. A un certo punto, e molto seriamente, guarderemo in faccia tutto questo con responsabilità, e solo allora si verificherà uno slancio, uno slancio per agire, per animare senza partecipare, né in azione, né in pensiero a tutto questo caos. Uno slancio per fare, rispettando comunque noi stessi. Vogliamo Vivere con questo rispetto interiore e perfino coltivarlo. Il tempo passa, anche gli anni ormai, e poco a poco i nostri valori mettono radici e si fortificano. Prendono forma, in una sorta di etica personale che cerca di captare la corrente di « *ciò che è* » per agire e affrontare l'universo che ci circonda. Ovviamente queste leggi non sono scritte e nemmeno chiare per alcuni aspetti della nostra vita quotidiana. Chiaramente questo è dovuto alla confusione che ancora ci pervade. Tutto ciò ci rimanda di conseguenza al nostro libero arbitrio e alla nostra saggezza, possibilmente in aumento ! Abbiamo imparato a diffidare della nostra esperienza, cambiamo noi stessi e manifestiamo i nostri valori nella « *risonanza del Sé incarnato* ».

Le trappole dell'evoluzione.

È tuttavia interessante constatare come possiamo lasciarci intrappolare dalla nostra stessa evoluzione. Ciò che incarniamo in questo momento ha giustamente un valore per noi, per il progresso che consideriamo compiuto e di cui vediamo il cammino percorso. Proviamo una certa necessità di affermarlo e talvolta anche di trasmetterlo, come un atto di scambio e di condivisione, perché se è alla portata di tutti decidere di proseguire il cammino del Sé, non è meno difficile né per gli uni né per gli altri. Ma poiché la nostra esperienza è unica in Sé, la condivisione sarà solo quella delle parole e dell'azione di essere. L'idea o l'azione può essere apprezzata, accettata, ma l'attesa/obiettivo di cambiare il mondo o l'altro non può che creare ulteriori divisioni. Divisioni interiori ed esteriori. Quindi possiamo chiederci, ciò che incarniamo oggi richiede tanto « *lo slancio* » quanto il dono di Sé, ma questo dono di Sé, lo facciamo in attesa di aver qualcosa in cambio o per favorire il progresso altrui ? La questione è pertinente, perché in entrambi i casi, di certo, rischiamo di essere nell'illusione di qualcosa.

Gli stati d'essere di ciascuno non permettono all'essere umano di trarre la soddisfazione di cui sembra aver bisogno. Non sto dicendo che questo non accada mai, perché siamo esseri sociali che vivono bei momenti di condivisione di valori e di gioia. Ma nonostante tutto, il nostro umore è mutevole, alcune ferite sono ancora aperte, per diverse ragioni. Quindi, i valori che incarniamo possono avere un limite, a seconda dell'intensità che vi conferiamo e della nostra sincerità di fronte a noi stessi e ai risultati che producono. Ma tali risultati sono all'altezza delle nostre aspettative ? E perché ne abbiamo ancora ? Ancora una volta siamo messi alla prova sul cammino della nostra vita. L'amor proprio può sentirsi frustrato, ferito, preoccupato o deluso da questa mancanza di comprensione, da questa mancanza di adesione ai nostri valori, che a nostro avviso sarebbero così utili per l'umanità e la vita in comunità, per la famiglia, gli amici e anche per gli altri. È evidente che finché proviamo rabbia, ferite e frustrazioni dobbiamo guardare da vicino ciò che succede dentro di noi. Forse ancora una volta non ci siamo rispettati o capiti. Dobbiamo trovare una via migliore di quella della delusione, delle azioni o dei sentimenti ai quali lei stessa è in grado di fare appello. Sembriamo tornare incessantemente al concetto di scopo o a quello di impatto sul nostro essere, di desiderio, di ferita e di tutto il resto. È vero, quando abbiamo questa forza di andare avanti, abbiamo anche la speranza, la speranza nel futuro. Ma non è il presente !

Allora manteniamo questa rotta, perché il valore che vibra in noi non deve mai cercare lo scopo, il futuro, la protezione o l'abbandono, deve esistere.

« Questo valore è giusto in noi
quando si capisce il rispetto del Sé,
Non è per farci sperare, aspettare
ciò che porterà di migliore a noi o agli altri.
È, perché non può essere altrimenti ».

Ci sono situazioni, comportamenti che rientrano nell'ambito dell'ordine delle cose, di una ripartizione dei compiti, la cui coerenza va al di fuori di un modello appreso precedentemente. I modelli non tengono conto di « *ciò che è* », ma « *ciò che è* » non deve diventare un'abitudine, perché a quel punto non sarebbe più « *ciò che è* », bensì « *ciò che è diventato* ». E quest'ultimo forse non è il rispetto del Sé. D'altro canto, se pensiamo che la vita si manifesti nella relazione con l'altro e che questa manifestazione debba essere priva di ferite, dobbiamo impegnarvi la nostra energia e la nostra arte, perché possiamo farlo solo nel libero arbitrio. Il lavoro e l'osservazione del Sé non devono limitarsi all'evoluzione del nostro modo di vedere e guardare le cose che ci circondano e a dirci « *va bene* » ! La danza deve avvenire anche con ciò che viene posto sul nostro cammino e ciò implica sia la responsabilità sia il rispetto del Sé. Tutti abbiamo le nostre ferite, da bambini ci sentiamo dire continuamente « *non fare questo, non fare quello* », da adolescenti ci ribelliamo e da adulti ci rifiutiamo di fare determinate cose per motivi che ci sono propri. Da un lato la società ci porta tutto ciò che ha da offrire su un vassoio carico di consumo e distruzione senza fine e dall'altro invece pensiamo : « *se l'altro può fare tutto questo, non lamentiamoci, approfittiamone !* ». Poi arriviamo inconsciamente a un punto in cui tutto ciò è diventato incontrollabile e normale, in cui pensiamo che forse l'altro lo fa per puro piacere... Ma tutto ciò che accade intorno a noi è normale ? I nostri comportamenti sono giustificati ? Possiamo anche includere cose quotidiane che sono state automaticamente attribuite a uno o all'altro con il pretesto della normalità, del sesso o di qualsiasi altro motivo. Nella cosiddetta vita organizzata dai sistemi, ossia dagli Stati, dagli eserciti, dalle imprese e così via, e contro la quale stiamo puntando il dito, sono state intraprese azioni per ovviare al problema dei comportamenti. Sono state messe in atto leggi, punizioni e multe. Il dividere per governare meglio è diventato molto intelligente, camaleontico e temibile. E noi stessi, nel profondo, a causa delle nostre ferite, abbiamo creato il giudizio, i piagnistei, la vendetta e molte altre assurdità. L'evoluzione della coscienza rappresenta forse un ponte per l'evoluzione dei comportamenti legati all'ordine delle cose materiali e quotidiane, inter-relazionali.

Il rispetto di Sé.

Non è perché qualcosa ostacola il nostro cammino e i nostri valori che dobbiamo rinnegarlo o fare lo struzzo, ma dobbiamo comunque fare qualcosa in noi stessi per affrontarlo. Il nostro equilibrio, il nostro spazio interiore e il nostro rispetto (l'amor proprio) sono senza dubbio le fondamenta che permettono sia di prestare attenzione a ciò che accade sia di dare un po' di sé all'altro, anche se vi è uno squilibrio temporaneo, perché comprendiamo il significato di questo atto passeggero. L'esaurimento, se dovesse manifestarsi, sarebbe la conseguenza di un qualcosa che dobbiamo vedere, capire in noi, per agire dove è necessario e in modo adeguato, senza lasciare che il pensiero percorra il suo cammino di divisione e di frammentazione, ma facendo sì che si assuma le proprie responsabilità. La distorsione è visibile quando, per mancanza di comprensione, permettiamo la creazione di un'immagine del Sé. In questo caso possiamo parlare dell'applicazione di un protocollo del Sé e non del Sé applicato. La comprensione non può essere « *accessoriata* » di frustrazione, rabbia e « *vibrazioni* » basse, perché in questo caso non potremmo parlare di comprensione, bensì di immagine del Sé costruito. Ecco perché l'Amor proprio è un percorso, non un'immagine.

*In sintesi : il termine osservare sta gradualmente prendendo il proprio posto, in una nuova definizione in noi, giochiamo con il silenzio interiore per concentrarci sulla corrente di « **ciò che è** ». Quindi il cammino, la cui direzione è messa in luce dai nostri slanci, diventa sempre più chiaro. Lungo questo percorso, il rispetto di Sé non è un compito facile, è allo stesso tempo la base per il nostro sviluppo personale e una foglia lasciata ai quattro venti, in balia delle stagioni.*

Capitolo 14

L'immenso, l'eterno, l'incommensurabile, l'innominabile ha dato vita alla natura delle cose, ha permesso di percepirle, ci ha dotati di un corpo multidimensionale di rara bellezza. Senza cercare o pretendere di spiegare cosa siamo o come funzioni il tutto, possiamo comunque affrontare l'argomento e fare una breve presentazione. In ciò che rappresenta la coscienza umana esiste sempre la percezione di una moltitudine di strati che ci compongono, di corpi sottili racchiusi gli uni negli altri, un po' come una matrioska. Dire quanti ne esistano sembrerebbe azzardato, ma quattro di loro sono abbastanza famosi, conosciuti.

Il nostro corpo fisico interagisce con altri tre corpi sottili, che possiamo definire in questo modo :

- *Il corpo fisico*
- *Il corpo energetico, altrimenti detto doppio eterico, corpo vitale, corpo pranico o ancora corpo bioplasmico...*
- *Il corpo psichico, chiamato anche corpo astrale*
- *Il corpo mentale*
- *...*

Il nostro corpo energetico funge da interfaccia tra il corpo fisico e il corpo astrale. È composto dai nostri chakra, i cui sette più conosciuti sono : la corona, il terzo occhio, la gola, il cuore, il plesso solare, il sacrale e la radice. Non sappiamo quanti ne esistano, ma possiamo pensare che ce ne siano molti. La ricerca in questo campo è limitata e forse un giorno i progressi della scienza ci diranno di più... I chakra hanno la funzione di trasmettere energia, informazioni tra il corpo fisico e il corpo astrale e viceversa. Sono collegati tra loro dalle nadi, o meridiani (canali energetici).

Il corpo astrale : è il mezzo usato dalla coscienza durante le esperienze extracorporee (OBE), è inoltre la sede delle nostre emozioni e dei nostri sentimenti, ma sicuramente ha la sua genetica, una traccia. Osservando un bambino possiamo constatare che, al di là delle risonanze emotive ricevute e poi integrate grazie ai genitori, ossia le sue figure d'attaccamento, vive egli stesso tali risonanze, con la propria personalità e la propria singolarità. Si potrebbe dunque dire che anche il corpo emotivo (o astrale) ha una propria genetica, una genetica non parentale e che rimane malleabile. Il suo contenuto può essere modificato sia da una diversa risonanza dei genitori sia, successivamente in età adulta, dal corpo mentale dell'essere stesso. Imparando dal Sé, vediamo che il corpo astrale viene modificato dalla nostra realtà e rappresenta la nostra capacità di vivere un movimento singolare e intrinseco. Constatiamo inoltre che, in una certa misura, le nostre cellule fisiche percepiscono chiaramente questi movimenti, per poi a loro volta modificarsi attraverso il principio evidenziato dall'epigenetica. Il percorso per la comprensione di Sé mostra un'evoluzione del nostro corpo astrale (centro delle emozioni) ed evita che quest'ultimo inquini inutilmente il nostro corpo fisico. Non possiamo affermare che così facendo eviteremo ogni malattia, ma possiamo sostenere che in questo modo diminuiremo drasticamente le nostre « *bue* » abituali.

Il corpo mentale : non è solo la sede dei nostri pensieri, è una connessione. Possiamo decidere che il corpo mentale prenda il sopravvento nell'idea di una « *risonanza del Sé incarnato cosciente* ». Con ciò si intende che il nostro corpo mentale allontana l'immagine del Sé, si osserva e vede gradualmente stabilirsi un nuovo equilibrio, un accesso allo spazio, che gode di un silenzio nella sfera intima, una specie di fioritura, di sviluppo. Volendo descriverlo sotto forma di immagine, potremmo dire che il fiore ha il suo colore, il suo profumo. Il fiore non è l'ape. L'ape, a nostra insaputa, nutre la nostra coscienza. Il profumo del fiore può essere annusato, ma sono le api che impollinano e fanno il miele.

« Propongo qui l'idea che la nostra funzione sia di essere, più che di volere che gli altri o le cose siano ».

↜ Karma, definizione : principio fondamentale riconosciuto dalle tre grandi religioni indiane e basato sulla concezione della vita umana come anello di una catena di vite (samsâra), in cui ogni vita particolare è determinata dalle azioni della persona nella vita precedente.

A titolo individuale e in modo semplice, sappiamo che i semi di carota non danno cavoli, ma la maggior parte di noi non ha alcuna esperienza diretta che induca a identificare il karma delle vite precedenti. Mediante osservazione, discernimento e lucidità vediamo che molte parti stagnanti e bloccanti in noi possono essere trascese. Quindi non dobbiamo paralizzarci guardando ciò che siamo stati o non siamo stati nel passato, vicino o lontano, o chiedendoci se quella che abbiamo fatto era la scelta giusta e autocommiserarci oppure interrogandoci sul fatto che il karma esista oppure no. E non dobbiamo nemmeno chiedere di sapere quanto tempo avremo. No, le informazioni raccolte nel corso della nostra vita sono molto utili, ma torturarci o cercare scappatoie è inutile, controproducente e privo di senso costruttivo. Dobbiamo Essere, qui e ora, nel presente, senza distrazioni o pensieri frammentati, dobbiamo essere « **non divisi** » in noi stessi, questa è la vera meditazione : osservare per capire perché in me stesso sono diviso.

*In sintesi : in relazione al nostro corpo « **di carne** », abbiamo i nostri corpi sottili che lavorano congiuntamente. Conosciamo in particolare il corpo emotivo, i nostri chakra e tutto il nostro sistema energetico. La presa di coscienza in ciò che definisco « **risonanza del Sé incarnato** » permette l'evoluzione del nostro corpo emotivo. Questo movimento interiore di cambiamento di percezione crea un nuovo stato d'essere, un nuovo ambiente per le nostre cellule e la nostra coscienza.*

Si tratta di un movimento, ed esiste ogni tipo di tempo. Il tempo per andare da un punto all'altro, il tempo di vita delle rose, il tempo atmosferico, il tempo che è denaro, il tempo perso, il tempo per imparare... Potremmo sviluppare tutti questi « *tempi* » in un solo libro, ma qui ci soffermeremo solo sul « *tempo necessario* ». Sembra sempre che ci manchi il tempo. La nostra società sta inventando sempre nuovi mezzi per guadagnare tempo : le macchine, la tecnologia, gli enormi centri commerciali. La verità è che non abbiamo più tempo, quindi abbiamo bisogno di macchine, velocità, poi riposo, vacanze, pause e sport per buttar fuori lo stress. Ma cosa facciamo quando abbiamo tempo ? Spesso lo utilizziamo per perderci in una qualche direzione o in una tecnologia per divertirci. Tuttavia ci vuole tempo per prendersi cura delle cose, per rispettarle. Rispettare le cose semplici della vita, rispettare ogni aspetto, ogni oggetto, ogni vita nella sua semplicità fa provare al Sé un senso di benessere. L'amor proprio si trova in questo rispetto, lontano dalla propensione al consumo di macchine, beni e tempo. La vita personale non è un'impresa industriale. C'è l'industria e c'è la vita, entrambe devono essere rispettate.

La meditazione.

Si pratica in modi diversi, ma segue un solo movimento, quello del presente. È indispensabile alla nostra esistenza. È un atto che consente di sbloccare, pulire in profondità e migliorare la circolazione delle nostre energie. Non posso che consigliarvi di praticarla, perché è pura osservazione. Una quantità incredibile di meditazioni guidate vi viene offerta su Internet o su delle registrazioni, ma sono solo metodi di rilassamento in cui seguiamo al meglio ciò che dice l'altro, si tratta quindi di una concentrazione rilassante basata sulla non esistenza, che culla lo spirito e dà una sensazione di piacere. Non è né più né meno nocivo di una seduta abbronzante, possiamo farlo, ma non è il tipo di meditazione che intendo trasmettere. La meditazione è la percezione di tutto ciò che avviene in noi e che può essere osservato, ma questo deve accadere in un silenzio mentale. L'analisi attraverso il pensiero di ciò che vediamo, proviamo o sentiamo, la conseguente interpretazione... È tutto bello, colorato e così via... Ma ci allontana dalla pura percezione. Per capire fino a che punto siamo dipendenti da ciò che abbiamo appreso, possiamo guardare, in uno stato consolidato di calma, la targa di un'auto. Constateremo quindi con sorpresa che guardare le cifre e le lettere senza nominarcele nella testa risulta molto, ma molto difficile :

(JQ-757-BF)

In questo esercizio non si tratta di stare lì con gli occhi spalancati o persi nel nulla. Il cervello deve essere perfettamente attivo, vivo e al massimo livello di attenzione, come quello di un animale selvatico, all'erta per cogliere anche il minimo rumore, come quello della più piccola foglia che si muove, ma non c'è distorsione del pensiero, se non altro il meno possibile. Avendo dunque compreso il principio e la differenza tra pensiero e osservazione, possiamo seguire i venti interiori e gli eventi esterni. Fermare il tempo che scorre abitualmente nei pensieri, per poi vederlo trasferirsi, qui e ora, nel presente. La targa rimane comunque una questione temibile, perché possiamo essere nel presente, ma sempre dipendenti dalla memoria. È quindi necessaria una profonda meditazione a proposito di cosa sia la memoria, di quanto spazio occupi e sarebbe giusto chiederci se siamo consapevoli della sua forza in noi ...

Meditare non significa fare tutto questo in un luogo ben preciso, né mettere candele o partecipare a qualche rituale. La meditazione trova il proprio spazio ovunque, chiaramente la natura è un ambiente che sprigiona un'energia particolare e come possiamo immaginare è bello immergersi in questa meraviglia o semplicemente nell'albero di fronte, attraverso la finestra. Ma con il tempo ci renderemo conto che meditare è un'azione possibile in diverse situazioni. Possiamo farlo mentre ascoltiamo, quando viviamo momenti in cui le relazioni provocano in noi degli effetti mentali, fisici e via dicendo. Questa abitudine alla meditazione ci facilita nel guardare e nell'osservare il Sé, così come ne parliamo fin dall'inizio ed è questo che rappresenta la vera meditazione. Qui comprendiamo il nostro bisogno di prestare la massima attenzione. Siamo lucidi per quanto riguarda il potere della memoria, i desideri, le aspettative, il servitore e tutto il resto. Per fare un esempio, notiamo l'importanza di non rappresentare mentalmente le nostre emozioni : dobbiamo solo limitarci a osservarle. La meditazione ci permette quindi di agire su ciò che ci è personalmente necessario e che è chiaramente diverso rispetto ai bisogni e alle necessità del nostro coniuge o del vicino. Ci permette di agire, perché unisce comprensione di Sé e momento vissuto, attraverso la visualizzazione del vero o la percezione del pericolo, pericolo che non vogliamo più, come non vogliamo mettere le mani nel fuoco, perché conosciamo, sappiamo, vediamo i danni di questo atto irresponsabile. La meditazione non è una scienza che si impara come un mestiere, non c'è un buon professore per noi, se non noi stessi, e chi vuole essere professore in questo campo deve rimanere il professore di se stesso. Nessuno ci insegna a camminare, perché nessuno può farlo, tranne noi. Anche se mamma o papà ci tenevano per mano, per riuscirci non abbiamo mai letto libri o seguito delle tecniche, non siamo stati condizionati da un'ideologia. Impariamo a meditare come impariamo la semplicità, come impariamo a camminare. Questo viaggio ci piace, ci permette di esplorare, possiamo quindi camminare, meditare, esplorare in totale libertà.

« Ecco... meditare non è niente di più,
niente di meno della totale libertà. »

*In sintesi : la padronanza del tempo è la meditazione, apre le porte del rispetto universale, perché l'effervescenza della società non è la vita interiore. La meditazione costante è percezione pura, libertà totale. Non è collegata né a un'illuminazione né a una tecnica. È l'osservazione del Sé durante l'osservazione di « **ciò che è** », è praticabile mentre compiamo le nostre azioni quotidiane, durante dei momenti di raccoglimento e di pausa, ci infonde equilibrio, ci riempie di benevolenza e di serenità. Meditare è come camminare, esplorare nel movimento.*

Capitolo 15

Nonostante ci sia una grande differenza tra questi termini, il confine tra loro merita un'esplorazione. La comunione è come un'unione, o un'unione comune, con Sé, qualcosa o qualcuno. Questa è la differenza rispetto al desiderio o al piacere, la comunione non è un prodotto del pensiero, anche se ha bisogno di lui per essere spiegata, non è lui. La comunione si verifica a un livello diverso, perché nel presente è percepita nello stesso spazio delle nostre « *vibrazioni* », in quella parte di noi che ci è propria. La « *vibrazione* » ci è propria, singolare e personale, ma la comunione sembra condividere questo stato con l'altro. Per farla breve, prendiamo come esempio una conversazione in cui due amici (o amiche) condividono una discussione sincera, profonda e ovviamente seria. Questa condivisione raggiunge un punto tale che ci tocca improvvisamente, come un incontro tra due persone che si trovano sulla stessa lunghezza d'onda, in perfetta coesione e comprensione. Questo punto, anche se non è comune alla base della discussione, diventa una luce vista contemporaneamente da entrambi i soggetti. Come vedere la stessa stella cadente, tranne che qui si parla di coscienza e non di vedere con gli occhi o con il pensiero. La comunione ha diversi aspetti e diverse intensità, ma c'è una specie di correlazione. La comunione non può essere una volontà avviata dal pensiero. Il pensiero non è in grado di comunicare con tutte le cose, il cibo che mangiamo, una bellezza della natura che guardiamo, la meditazione e così via, perché il pensiero chiama scopo, routine, abitudine e protocollo. Non è partecipe quando la comunione si verifica, è la coscienza a esserlo. Non ha futuro, si vive. Lì dove inizia il desiderio, arriva anche l'attesa, per raggiungere lo scopo prefissato. La comunione esiste già, lì dove è iniziata, e il suo futuro non è, o se è, può essere solo un nuovo momento presente, incrementato dall'intelligenza nata da lei. Vedete la differenza ? La meditazione è anche una comunione con il Sé. Decidiamo di meditare, ma poi meditare non è più un atto diretto. Quindi, in questa libera decisione di meditare, comprendiamo che il nostro libero arbitrio non si occupa solo dell'arte e della maniera di un atto senza scelta. È anche il movimento del nostro corpo mentale nella « *risonanza del Sé incarnato* » e svolge un ruolo importante in questa relazione con noi stessi. Ci renderemo conto di quanto « *il servitore* » possa aiutarci nella sua riprogrammazione a ricalibrarci, riallinearci automaticamente, nell'instante presente, in comunione con quest'ultimo. Per osservarlo, capire il suo movimento e ballare con lui.

Al centro del nostro viaggio interiore proposto in questo libro, comprendiamo che i comportamenti sono una questione personale e che l'altro o la società sono solo dei mezzi di pressione per vedere ciò che in noi sarà integrato nella nostra essenza profonda. Quindi sappiamo che possiamo esistere seguendo il modello sociale del XXI secolo, approfittando dell'esistenza e facendoci strada, strada che ci porterà alcuni piaceri ben meritati dopo l'accanimento e la lotta per la sopravvivenza. O capiamo che dobbiamo esistere facendo inevitabilmente parte del modello sociale del XXI secolo, ma questa volta partecipando alla nostra vita, spesso complessa, con uno stato mentale diverso. Ciò significa esplorare ciò che siamo, liberi da condizionamenti, liberi da dipendenze, attaccamento, invidia o piacere, senza punirci o privarci di qualcosa, ma grazie alla nostra capacità di osservazione volta verso l'interiorità del nostro essere. Il dispiegamento della nostra vita comprende la parte propria e singolare del Sé, che deve sapere chiaramente cosa deve fare e cosa deve rifiutare. E ciò va coltivato in modo costante, fino al nostro ultimo respiro. Abbiamo affrontato argomenti che, se studiati lucidamente e aperti al discernimento, creano un cammino nel nostro intimo.

Il fuoco divorante e l'essenza divina.

Abbiamo progressivamente rivelato il vero, la realtà, ciò che significa vivere il « *vivo* ». Abbiamo visto il falso, l'illusione di vivere ciò che è morto, pensieri passati o futuri, atti « *prefabbricati* », basati sugli obiettivi di condizionamento e paura, ossia l'« *Immagine del Sé* ». Torniamo ora ai sensi che l'essere umano possiede, per guardare più in profondità un punto importante che può essere apprezzato solo in una determinata fase di comprensione. Esistono un fuoco divorante e un'essenza divina in tutto ciò che nella vita l'uomo può percepire con i suoi sensi. Ecco perché dobbiamo vedere il falso, non per biasimarlo, ma per non esserlo più. Significa che abbiamo in noi questa capacità di volgerci, di accedere alla percezione di questa pura essenza delle cose, proprio come il fiore si volge verso il sole, per captarne la luce che lo farà sbocciare. Anche se i nostri corpi sono dotati di sensi per percepire l'ambiente circostante e per fare nuove scoperte, questi non ci dicono mai di fare così o colà, perché è il pensiero ad avere questo ruolo. Dobbiamo capire il pensiero per non rimanere scottati. Grazie ai sensi possiamo percepire la vita, che procura un benessere indefinibile. Le scoperte sensoriali sono meravigliose per il nostro essere, che non solo si sentirà bene, ma proverà anche un senso di euforia. Di fronte a questa connessione sacra che possiamo stabilire con il nostro partner, di fronte a questo bambino che stringiamo tra le braccia per la prima volta. Davanti a questo paesaggio di montagna innevato e mozzafiato, o a questi uccelli che volano nel tramonto.

« La bellezza di un istante, di un essere, di una cosa, della vita »

Tuttavia dobbiamo valutare bene questo risveglio dei sensi e captarne l'essenza nascosta, senza per questo lasciare che il fuoco divorante distrugga la bellezza di ciò che era stato offerto. Usiamo la parola *« Amore »* a vanvera, confondendo o non sapendo distinguere il vero nel falso, il falso nel vero, l'amore e la sessualità impoverita per il solo scopo dell'orgasmo e del bisogno fisiologico, l'amore e l'attaccamento che è in realtà possesso, l'amore per la patria che uccide per lei e così via. Non lasciamo tutto questo da parte, perché bisogna vedere il falso che ci inaridisce. Integrare questa sottile percezione sarà un compito unico per ognuno di noi. Non possiamo fare a meno di menzionarla per indicarne l'esistenza e sta a ognuno di noi percepire ciò che appartiene all'ambito della comunione, in ogni particella del vissuto. Il prodigio della vita è questo, ci viene donato per rendere visibile la natura stessa dell'esistenza. VEDERE indica che ogni aspetto deve essere guardato, nel visibile come nell'invisibile, nella memoria come nella sua negazione e poi nel sacro, affinché si sprigioni la sua sostanza. L'invisibile è descritto sia come la comprensione di ciò che è illusione, sia come la comprensione di ciò che è vero, ma non visibile materialmente. A un tale livello di visione, tutto risulta utile al nostro sviluppo : la particella quantistica, la cellula, la terra, il cosmo, il corpo fisico, l'ego, il servitore, la mente inferiore, i cinque sensi, il Sé latente, la risonanza del Sé incarnato, i corpi sottili che ci collegano come i colori di un arcobaleno, il femminile e il maschile, in noi e nella coppia, se possibile.

« La risonanza del Sé incarnato deve incrementare il nostro spazio interiore, affinché il Sé si elevi, grazie all'essenza del contatto creato dai sensi ».

In sintesi : la comunione è un evento vissuto dalla coscienza, al di là del pensiero, con se stessa, qualcosa o qualcuno, come una stella cadente vista contemporaneamente. Il contatto con la vita, che si percepisce attraverso i sensi, è pervaso da un'essenza d'amore. La percepiremo in proporzione alla diminuzione della distorsione del pensiero, del condizionamento e anche alla nostra capacità di mitigare il fuoco divorante che ci distrugge.

Capitolo 16

Il vento è forte, c'è quasi tempesta. Gli uccelli risalgono la corrente, sembrano andare verso una destinazione sconosciuta, alcuni paiono quasi giocare con le raffiche. Gli alberi vengono scossi e ci si chiede se abbiano paura di essere sradicati. Di venti forti ce ne sono stati altri e questi giganti verdi continuano a sentire gli uccelli cantare al primo raggio di sole o al primo momento di quiete, come se nulla fosse successo. Come se non ci fosse stata alcuna tempesta.

L'uomo parla e pensa alla libertà come uno scopo da raggiungere, sul cammino verso il successo, e paragona tale successo al piacere.

Il distacco : distaccarsi da qualcosa o da qualcuno non significa fare tutto il possibile per perderlo, perché non c'è niente da fare o da perdere. C'è differenza tra provare gioia per un regalo ed essere legati a quest'ultimo, avere paura di perderlo o volerlo conservare. La gioia si prova, il desiderio di avere, di tenere o la paura di perdere si pensano. Pensare fa fuoriuscire la gioia che esiste in noi, mentre il tempo scorre, come dei granelli di sabbia che passano, senza che li si veda, senza che ci si pensi. La gioia invece può solo essere, senza scorrere, senza essere pensata. È un po' come la differenza tra vivere e VIVERE, uno è in minuscolo, l'altro è in maiuscolo. Non sembra esserci alcuna differenza tra i due, almeno nella pronuncia, ma con l'esperienza ne si percepisce tutta la potenza.

I pensieri cercano un posto, una via di fuga dalla scena e la mente vuole catturare la linea di storia. Ma la storia non è l'instante che si svolge. L'istante non può essere rinchiuso in un qualcosa. La gioia non si trova nella storia, si vive.

Storia : la storia è un racconto di quanto è accaduto. Ma non può raccontare la verità assoluta, perché è scritta da un osservatore o da un gruppo di osservatori influenzati dalla loro visione superficiale delle cose. Essi possono, nel migliore dei casi, narrare il risultato visibile di quanto sanno, di quanto hanno raccolto, con la massima meticolosità e l'attenzione volontaria ad agire correttamente. Rimane comunque saggio interrogarsi sulla capacità umana di conoscere il punto o i punti di origine. Allora il termine storia torna ad assumere il significato di « *raccontare storie* ». Per l'intelletto non è altro che una distrazione.

Perché lasciare che si verifichi un'interferenza sullo sfondo della scena che viviamo ? È un'esperienza del tutto diversa rispetto al vivere i nostri obblighi, le nostre attività, i nostri scambi e al posare il nostro sguardo in seno all'energia presente. Ve lo dico chiaramente, tutto ciò che ci circonda, compreso ciò che fa parte di noi, è solamente un istante che diventa memoria non appena lo abbiamo vissuto. Lo sguardo penetrante della nostra coscienza presente va oltre ogni memoria, ogni eggregora, tutti i legami passati e futuri vengono spezzati, recisi dal momento della VISTA. La domanda che dobbiamo porci, anche centinaia di volte al giorno se necessario, è : sono qui e « *vivo* » ? O sono nella memoria e morto ?

« Se sono qui, vivo, è perché sto guardando nella giusta direzione »

Un cambiamento profondo è un evento sconvolgente, tutti gli elementi che ci legano alla nostra esistenza sono diventati elementi che potremmo definire esterni. Come se ogni « *ingrediente* » che compone la nostra vita assomigliasse a un ormeggio. Avremmo così un numero pari di ingredienti e ormeggi nel corso della nostra vita. E all'improvviso ciò che siamo cede, viene meno in un certo senso, ci siamo lasciati trasportare, non alla deriva, ma verso la libertà, in una strana sensazione di mistero. È per questo che rinascere è sconvolgente. Il pensiero è vuoto, ma la coscienza ha acquisito intelligenza. Tuttavia, per quanto possiamo essere sulla buona strada, ci sarà sempre quella che possiamo definire una « *ricaduta* ». In realtà, si tratta solo di un'ulteriore tappa da superare. Anche se questo ci dà la sensazione di non aver capito nulla, non dev'essere interpretato come un passo indietro. Perché, ancora una volta, con il tempo, siamo maggiormente in grado di comprenderne la profondità.

La libertà armonica non dev'essere intesa come una libertà che ci si prende nei confronti delle regole della società, di qualcuno o di qualcosa. Al contrario, è un viaggio interiore che influenza il nostro stato d'essere, la nostra salute fisica e psichica. Non ha nessun capo, non conosce i dogmi o i guru. Nasce dalla comprensione del Sé, da ciò che ci ha costruito in quanto fondamenta, da ciò che viviamo nell'istante presente. È il prolungamento di una « *vibrazione* » che si sveglia o si risveglia in noi, ma che concepiamo con maggiore fede in Sé e meno confusione. È in diretta relazione con il nostro cuore. È pazienza e comprensione, fermezza e benevolenza, osservazione, sincerità e libero arbitrio, apprendimento e umiltà.

 « *È il cammino senza il cammino,*

  « *Una strada magnifica,*

   « *Che esiste attraverso « l'Amore ».*

Il cammino

Canzone composta il 21-07-2018

Conosci questo cammino che serpeggia su per la montagna?

No, non è il più largo.

È vero, non è nemmeno il più facile,

Ci sono anche gli alberi, il vento nelle chiome,

Uccelli nelle nuvole, sole sulle piume.

Ascolta il loro canto, si ferma dopo la prima stella,

Che brilla e si accende.

Domani torneranno,

Ancora una volta.

Guarda, in una manciata di secondi, come granelli di sabbia,

Che volano via, senza essere contati, né visti, né pensati.

Adesso lo vedi anche tu quel cammino che serpeggia su per la montagna?

No, non è segnato, né indicato, in realtà la gente l'ha dimenticato.

Quindi si nasconde,

Sta a te,

Sì, a te,

Cercarlo.

Bibliografia

Qualche ispirazione

Nassim Haramein: la sua teoria del campo unificato ridefinisce o completa le basi della fisica, dell'astrofisica, della biologia e non solo. Collega la scienza degli Antichi, le ultime scoperte sulla fisica delle particelle e la coscienza umana.

Iain McGilchrist: psichiatra, scrittore e precedentemente studioso letterario a Oxford. McGilchrist ha raggiunto il successo dopo la pubblicazione del suo libro The Master and His Emissary, sottotitolato The Divided Brain and the Making of the Western World.

Jiddu Krishnamurti: nato a Madanapalle il 12 maggio 1895 e morto a Ojai il 17 febbraio 1986, è un uomo di origine indiana e promotore di un'educazione alternativa.

Mario Beauregard: post-materialista, specialista canadese in neurobiologia, nato nel 1962. Ricercatore in neuroscienze, professore aggregato del dipartimento di psicologia presso l'Università di Montréal e titolare di un dottorato in neurobiologia.

Eckhart Tolle: pseudonimo di Ulrich Leonard Tolle, nato il 16 febbraio 1948 a Lünen, è uno scrittore e oratore canadese di origine tedesca, autore dei best-seller Il potere di adesso e Un mondo nuovo.

Malory Malmasson: terapista in memoria cellulare e psico-energetica. Libro: Foufoune cosmique.

Pierre Jovanovic: giornalista, libro: Inchiesta sull'esistenza degli angeli custodi. Journaliste, Livre: Enquête sur l'existence des anges gardiens.

Nicolas Fraisse: esempio di persona seguita dai ricercatori scientifici Claude Charles Fourrier e Sylvie Déthiollaz in merito alle esperienze extracorporee.

Raymond Moody: esperienza di pre-morte, in inglese Near Death Experience. Per più di vent'anni ha raccolto testimonianze di persone che affermavano di aver vissuto un'esperienza di pre-morte.

Bruce Harold Lipton: biologo cellulare statunitense che ha sostenuto la teoria secondo la quale l'espressione genica potrebbe essere influenzata da fattori ambientali.

*Noi siamo per la luce
ciò che la goccia d'acqua
è per l'oceano*

*Noi siamo per la luce
ciò che la goccia d'acqua
è per l'oceano*

Per contattare l'autore: phgazzera@gmail.com

Traduzione dal francese all'italiano a cura di: Lucrezia Menegon

ISBN : 978-2-9575321-1-7

A nome di Philippe GAZZERA - GARD - FRANCE

Deposito legale : Novembre 2020

www.ingramcontent.com/pod-product-compliance
Lightning Source LLC
La Vergne TN
LVHW050907200726
843508LV00011B/2140